I0374074

www.ingramcontent.com/pod-product-compliance
Lightning Source LLC
Chambersburg PA
CBHW052059110526
44591CB00013B/2273
9781950396931

یەزدانناسی بەپێی کتێبی پیرۆز

چۆن کڵێسا دڵسۆزانە پەیامی ئینجیل ڕادەگەیەنێت

نیک ڕۆرک و ڕۆبەرت کلاین

یەزدانناسی بەپێی کتێبی پیرۆز: چۆن کڵێسا دڵسۆزانە پەیامی ئینجیل ڕادەگەیەنێت

مافی بڵاوکردنەوەی پارێزراوە لەلایەن نیک ڕۆرک و ڕۆبەرت کڵاین، ٢٠١٨

(کرۆسوەی) هەستاوە بە بڵاوکردنەوەی ئەم بەرهەمە.

ناونیشان: 1300 Crescent Street

Wheaton, Illinois 60186

هەموو مافەکانی پارێزراوە. هیچ بەشێکی ئەم بڵاوکراوەیە بەبێ ئاگادارکردنەوەی پێشوەختی نووسەر ناکرێت چاپ بکرێتەوە، یان بەهەر ڕێگەیەک و بە هەر شێوەیەک ببەخشرێت، ئەلیکترۆنی، فۆتۆکۆپی، تۆماری دەنگی، مەگەر ئەوەی کە لەگەڵ یاسای مافی چاپ و بڵاوکردنەوەی ویلایەتە یەکگرتووەکانی ئەمریکادا بگونجێت.

دیزاینی بەرگ: دێرن وێڵچ

ڕوونکردنەوە: واین برێزەنیکا

چاپی یەکەم، ٢٠١٨

لە ویلایەتە یەکگرتووەکانی ئەمریکا چاپ کراوە.

ئایەتەکان لە وەشانی ئی ئێس ڤی (وەشانی ستاندەری ئینگلیزی)یەوە وەرگیراوە.

ژمارەی ستاندەری نێودەوڵەتی پەڕتووکی کاغەزی: 978-1-4335-5606-7

ژمارەی ستاندەری نێودەوڵەتی پەڕتووکی بڵاوکراوەی ئەلیکترۆنی: 978-1-4335-5609-8

ژمارەی ستاندەری نێودەوڵەتی پەڕتووکی پی دی ئێف: 978-1-4335-5607-4

ژمارەی ستاندەری نێودەوڵەتی پەڕتووکی مۆبیپاکێت: 978-1-4335-5608-1

کتێبخانەی کۆنگرێس، کەتەلۆگی داتا و زانیاری بڵاوکراوە

ناو: نیک ڕۆرک، ١٩٧٩ – نووسەر.

ناونیشان: یەزدانناسی بەپێی کتێبی پیرۆز: چۆن کڵێسا دڵسۆزانە پەیامی ئینجیل ڕادەگەیەنێت/ نیک ڕۆرک و ڕۆبەرت کڵاین.

ناونیشانی دیکە: لە سەرەوەی ناونیشانەوە: بنیادنانی کڵێسای تەندروست

دەربارە: ویتۆن: کرۆسوەی، ٢٠١٨. زنجیرە: ٩نیشانەکان: بنیادنانی کڵێسا تەندروست

ناسێنەر: LCCN 2017032136 (پەڕتووکی کاغەز) |LCCN 2018003881 (پەڕتووکی ئەلیکترۆنی) | ISBN 9781433556074 (پی دی ئێف) | ISBN 978-1-4335-5608-1 (مۆبی) | ISBN 978-1-4335-5609-8 (بڵاوکراوەی ئەلیکترۆنی) | ISBN 978-1-4335-5606-7 (بەرگی ڕەق).

بابەتەکان: ناونیشانی سەردێری کتێبخانەی کۆنگرێس LCSH: کتێبی پیرۆز – یەزدانناسی. | کڵێسا

پۆلێنکردن: LCC BS543 (کتێبی ئەلیکترۆنی) | LCC BS543. R625 2018 (چاپ) | DDC 230/.041-dc23

تۆماری کتێبخانەی کۆنگرێس لەم ماڵپەڕەدا دەست دەکەوێت: https://lccn.loc.gov/2017032136

کرۆسوەی خزمەتێکی تایبەت بە چاپ و بڵاوکردنەوەی کۆمپانیای بڵاوکراوەکانی هەواڵی خۆشە

LB 27 26 25 24 23 22 21 20 19 18

1 2 3 4 5 6 7 8 9 10 11 12 13 14 15

9Marks ISBN: 978-1-950396-93-1

- ناوی کتێب: یەزدانناسی بەپێی کتێبی پیرۆز
- نووسەر: نیک ڕۆرک و ڕۆبەرت کلاین
- وەرگێڕ: نەریمان تاهیر، ئەندازیار سروش
- دیزاین و گرافیک: سەمیرە میرانی
- چاپی یەکەم، ٢٠١٩
- چاپخانە:
- تیراژ:
- ژمارەی سپاردن:

هەموو ئایەتەکانی لە چاپی کوردیی سۆرانی ستاندەرەوە (KSS) وەرگیراوە. هەموو مافەکانی پارێزراوە.

ئەم پەڕتووکە پێشکەشە بە هەموو خوشک و برا پیرۆزەکانی کڵێسای باپتیستی فرانکۆنیا. با بە نیعمەتی خودا، مەسیحی کتێبی پیرۆزمان خۆش بوێت و پەیامەکەی ڕابگەیەنین.

ناوەڕۆک

لاپەڕە

وەرزی یەکەم:
پێویستیی یەزدانناسی بەپێی کتێبی پیرۆز ١

وەرزی دووەم:
یەزدانناسی بەپێی کتێبی پیرۆز چییە؟ ١١

وەرزی سێیەم:
چیرۆکی گەورەی کتێبی پیرۆز چییە؟ بەشی یەکەم ١٩

وەرزی چوارەم:
چیرۆکی گەورەی کتێبی پیرۆز چییە؟ بەشی دووەم ٤٣

وەرزی پێنجەم:
یەزدانناسی بەپێی کتێبی پیرۆز وتار و فێرکردنەکانی کڵێسا پێکدێنێت ٦١

وەرزی شەشەم:
یەزدانناسی بەپێی کتێبی پیرۆز ئەرکی سەرەکیی کڵێسا پێکدێنێت ٨٧

دەرەنجام ١٠٣

پاشکۆ؛
نموونەی زیاتری یەزدانناسی بەپێی کتێبی پیرۆز ١٠٧

وەرزی یەکەم

پێویستیی یەزدانناسی بەپێی کتێبی پیرۆز

بینینی ئامانجی چیرۆکەکە

کاتێک من (نیک) لە قوتابخانەی سەرەتایی بووم، یەکێک لە هاوپۆلەکانم ڕاپۆرتێکی لەبارەی چیرۆکێکەوە ئامادەکردبوو کە نووسەری بەناوبانگ، سی ئێس لویس نووسیبووی. چیرۆکەکە باسی چوار منداڵ، بەچکە شێرێک، جادوگەرێکی سپی و سەرزەمینێکی جادوویی دەکرد کە لە کەنتۆرێکەوە بۆیان دەچوو. ئەو چیرۆکە سەرنجی زۆری ڕاکێشام، بۆیە کۆمەڵە کتێبی «مێژووی نارنیا»م کڕی و بەوپەڕی چێژ و خۆشییەوە هەموویم خوێندەوە. بەڵام لەدوای چەندین ساڵ کە باوەڕم بە مەسیح هێنا، بۆم دەرکەوت کە نەمتوانیوە درک بە ئامانجی سەرەکی نووسەر بکەم کە ئەویش ناساندنی عیسا بووە بە خوێنەرەکانی.

ڕێی تێدەچێت کە چیرۆکێک بخوێنیتەوە و بەلاتەوە سەرنجڕاکێش و خۆش بێت، بەڵام ئامانجی سەرەکی چیرۆکەکە نەپێکیت. لەوانەیە لەڕادەبەدەر تیشک بخەیتە سەر وێنە و دیمەنەکان یاخود کەسایەتییە لاوەکییەکان. یان دەکرێت هەر جارەو بەشێکی کەمی بخوێنیتەوە، یان بەبێ هۆ لە پەڕێکەوە بچیتە پەڕێکی دیکە. یان لەوانەیە هەوڵی ئەوە بدەیت کە بابەتی سەرەکی چیرۆکەکە لە ڕێگەی لەیەکدانی بەشە جیاواز و پەیوەستنەبووەکانی چیرۆکەوە پەیدا بکەیت. ئەگەر هەریەکێک لەوانە بکەیت، ئەوا بە شیمانەیەکی زۆر هەم لە پاڵەوان و هەم لە ئامانجی سەرەکی چیرۆکەکە بە هەڵە تێدەگەیت.

کتێبی پیرۆز چیرۆکێکە کە خودا بە سروش پێی بەخشیوین کە کۆمەڵە چیرۆکێک، گۆرانی، هۆنراوە، وتەی دانا و ژیرانە، مزگێنییەکان، نامەکان و ئاشکراکردنی خودایی لەخۆ دەگرێت. ئەم بابەت و نووسینە جیاوازانە پێکەوە باسی چیرۆکێکی ڕاستەقینەمان بۆ دەکەن دەربارەی کاری ڕزگاریی خودا لە مێژوودا. کتێبی پیرۆز

لـە شەسـت و شـەش سـیپارە پێکهاتـووە کـە چەنديـن نووسـەری جیاواز بـە سروشـی ڕۆحـی پیـرۆز نووسـیویانە. ڕۆحـی پیـرۆز کەسـایەتی و کۆنتێکسـتی هەریەکەیانـی بەکارهێنـاوە بـۆ ئـەوەی کانۆنـی کتێبـی پیرۆزمـان[1] بـۆ دروسـت بکـەن کـە خـاوەن یـەک خـاڵ و ڕووداوی سـەرەکییە.

شـوێنکەوتووانی مەسـیح دان بـە دەسـەڵاتیی خودایـی کتێبـی پیرۆزدا دەنێـن. تەنانەت بـۆ مـاوەی چەندیـن سـاڵ ڕۆژانـە دەیخوێننـەوە و بـە وردی لێـی دەکۆڵنـەوە. بـەڵام لەگـەڵ ئەوەشـدا زۆر کـەس ئامانجـی سـەرەکی کتێبەکـە ناپێکـن. عیسـا لـە (یۆحەنـا ٥: ٣٩- ٤٠) قسـە لەگـەڵ خەڵکێکـی لـەو شـێوەیە دەکات و دەفەرموێـت: «نـووسراوە پیرۆزەکان دەپشـکنن، چونکـە وا دەزانـن ژیانـی هەتاهەتایـی بـۆ ئێـوەی تێدایـە. ئـەم نووسراوانـەش شـایەتیم بـۆ دەدەن، بـەڵام ناتانـەوێ بێنـە لام تاکـو ژیانتـان هەبێـت.»

دەکرێـت کـە ڕێـز لـە کتێبـی پیـرۆز بگریـت و بیخوێنیتـەوە، بـەڵام بـە هەڵـە بەکاریبهێنیـت، چونکـە ناتوانیـت ئـەو وێنـە گەورەیـە ببینیـت کـە خـودا دایناوە. بـە سوپاسـەوە، نووسـەری کتێبـی پیـرۆز هەندێکـی ئامـاژەی ڕوونـی لەبـارەی خاڵـی سـەرەکی چیرۆکـی خـودا بـۆ بەجێهێشـتووین. ئەمـەی خـوارەوە ئاماژەیەکـی سـەرەکییە لەلایـەن خـودی عیسـای مەسـیحەوە:

«ئینجـا پێـی فەرمـوون: «ئـەم قسـانەم بـۆ کـردن کاتێـک لەگەڵتـان بـووم: پێویسـتە هەمـوو ئەوانـەی لـە تەوراتـی موسـا و پێغەمبـەران و زەبـووردا دەربـارەی مـن نـووسراون بێنـە دی.» ئینجـا مێشـکی کردنـەوە، تاکـو نـووسراوە پیـرۆزەکان تێبگـەن. پێـی فەرمـوون: «ئـاوا نـووسراوە، کـە مەسـیح ئـازار دەچێژێـت و لـە ڕۆژی سـێیەم لەنێو مـردووان هەڵدەسـتێتەوە، بـە نـاوی ئەویـش تۆبەکـردن بـۆ لێخۆشـبوونی گونـاە بـۆ هەمـوو گـەلان جاڕبدرێـت، ئەمـەش لـە ئۆرشـەلیمەوە دەسـتپێدەکات. ئێـوە شـایەتی ئـەم شـتانەن. وا مـن بەڵێنەکـەی باوکمتـان بـۆ دەنێـرم. بـەڵام لـە شـار بمێننـەوە، هەتـا لـە ئاسـمانەوە پـڕ دەکرێـن لـە هێـز.»» (لۆقـا ٢٤: ٤٤- ٤٩)

---

١ بـە ئینگیـزی پێـی دەگوترێـت (Biblical Canon)، کـە بـە هەمـوو ئـەو دەقانـە دەگوترێـت کـە زۆرینـەی شـوێنکەوتووانی مەسـیح هـاوڕان لەسـەر ڕاسـتی و دروسـتبوونیان و پێوانـەی دروسـتبوونی هەمـوو پەڕتووکـە لەچاپدراوەکانـی کتێبـی پیـرۆزە. بـۆ نموونـە، زۆرینـەی بـاوەڕداران هـاوڕان لەسـەر ئـەوەی کـە کتێبـی پیـرۆز لـە ٦٦ سـیپارە پێکهاتـووە.

عیسا لەم دەقەدا دوو شت ڕوون دەکاتەوە. یەکەم، سەرسامیمان دەکات کاتێک کە دەفەرموێت هەموو پەیمانی کۆن -هەر لە تەوراتەوە هەتا دەگاتە نووسراوی پێغەمبەران و زەبوورەکان- لە ڕاستیدا باسی ئەو دەکەن؛ بە واتایەکی دیکە، عیسا خۆی وەکو مەسیحی بەڵێندراو دەناسێنێت. دووەم، عیسا دەفەرموێت کە شوێنکەوتووانی ئەو شتانە بە هەموو گەل و نەتەوەکان ڕادەگەیەنن، واتە هەموو کەسێک لە هەموو شوێنێک.

بە کورتی، ناتوانیت لە چیرۆکی کتێبی پیرۆز تێبگەیت، مەگەر ئەوەی کە بزانیت عیسا کرۆک و ناوەڕۆکیەتی! هەر لە پەیدابوونەوە هەتا ئاشکراکردن، عیسا پاڵەوان و ئامانجی چیرۆکەکەیە. هەروەها ناتوانیت بزانیت عیسا کێیە مەگەر ئەوەی کە لە چیرۆکە گەورەکە تێبگەیت کە عیسا خاڵی بنەڕەتییەتی! عیسا کلیلی لێکدانەوەی کتێبی پیرۆزە، واتە خوێنەری وریا دەتوانێت عیسا لە سەرەتا و ناوەند و کۆتایی چیرۆکەکەدا بدۆزێتەوە.

خودا لە کتێبی پیرۆزدا ئامانج و پلان و بەڵێنەکانی پاشایانی بۆ ئاشکرا کردووین. بەو جۆرەی کە لە مێژوودا سەرکەوتنیان بەدەست هێناوە، ئێمە دەبێت چاومان لەسەر ئەم چیرۆکە بێت و بەو جۆرە بیخوێنینەوە کە عیسا داوای لێکردووین. چیرۆکی خودا چیرۆکێکی مەزنە -لە ڕاستیدا مەزنترین چیرۆکە- وە چەقی چیرۆکەکە باسی پلانی ڕزگاریی خودا دەکات کە عیسای مەسیح هەڵدەستێت بە ئەنجامدانی.

بەڵام بۆ ئەوەی بتوانین کتێبی پیرۆز بە جوانی بخوێنینەوە، پێویستە ئامرازی گونجاومان هەبێت. یەزدانناسی بەپێی کتێبی پیرۆز یەکێکە لەو ئامرازە یارمەتیدەرانە.

١. یەزدانناسی بەپێی کتێبی پیرۆز یارمەتی ڕوونکردنەوەی ئامانجی سەرەکی کتێبی پیرۆز دەدات. هەندێک کەس بە جۆرێک لە وشەی خودا دەڕوانن وەکو ئەوەی کە کۆکراوەی چەندین چیرۆکی سەربەخۆ، کۆمەڵێک ئامۆژگاری و ڕاوێژی جوان، کتێبێکی خواردنی جیهانی بێت کە تێیدا ڕەچەتەی «ژیانێکی باش»ت پێشکەش دەکات کە بەنێو شەست و شەش کتێبەکەیدا بڵاو بووبێتەوە.

بەڵام ئەم ڕێگا و شێوازانە ناتوانن ئامانجی سەرەکی کتێبی پیرۆز دەربخەن.

خودای سێیانە لە کتێبی پیرۆزدا ڕوونی دەکاتەوە کە کێیە و چۆنە و چۆن بە درێژایی مێژوو کار دەکات لە ڕێگەی ڕۆحەکەی و کوڕەکەی کە عیسای مەسیحی پاشایە، هەروەها ڕوونی دەکاتەوە کە چۆن لەم جیهانەدا شکۆداری بکەین. یەزدانناسی بەپێی کتێبی پیرۆز یارمەتیمان دەدات کە لەم ئامانجە سەرەکییە تێبگەین لە ڕێگەی خوێندنی هەر دەقێک لە کتێبی پیرۆز بە پشتبەستن بە تەواوی کتێبی پیرۆز تاکو لەوە تێبگەین کە چۆن هەموو بەشێک پەیوەندی بە عیساوە هەیە.

٢. یەزدانناسی بەپێی کتێبی پیرۆز یارمەتی پاراستن و ڕێنماییکردنی کڵێسا دەدات. خوێندنەوەی دروستی کتێبی پیرۆز واتە زانینی ئەوەی کە هەر سیپارەیەک لەکوێی چیرۆکە گشتییەکەدا جێگەی دەبێتەوە. وە زانینی چیرۆکە گشتییەکە یارمەتیمان دەدات کە هەر ڕووداو و کەسایەتی و وانەیەک بە وردی و دەقیقی بخوێنینەوە و لێی تێبگەین، کە وەکو بەشێک لە وشە ئاشکراکراوەکانی خودا پێمان بەخشراوە. تێگەیشتن لە تەواوی چیرۆکی کتێبی پیرۆز ڕوونی دەکاتەوە کە عیسای مەسیح کێیە و ئینجیلەکەی چییە.

خودا بەڵێنی داوە کە لە ڕێگەی کوڕەکەی و بەهۆی ڕۆحی پیرۆزیەوە، خەڵکی لە هەموو هۆز و نەتەوە و زمانێک ڕزگار بکات بە مەبەستی شکۆدارکردنی خۆی. ئەو خەڵکە ڕزگارکراوە ئەندامی جەستەی مەسیحن کە دەکاتە کڵێسا. ئایا کڵێسای عیسای مەسیح دەبێت چۆن بێت و چی بکات؟ عیسا بە شوێنکەوتووەکانی فەرموو -ئەوانەی کە تۆبەیان کرد و تەنها متمانە و باوەڕیان بەو هەبوو- کە دەبێت بەپێی نووسراوە پیرۆزەکان «تۆبەکردن بۆ لێخۆشبوونی گوناه بۆ هەموو گەلان جاڕ بدرێت کە ئەمەش لە ئۆرشەلیمەوە دەستپێدەکات» (لۆقا ٢٤: ٤٧). کەواتە جاڕدان و بڵاوکردنەوەی پەیامی عیسای مەسیح دەبێت کۆڵەکە و چەقی ئەرکی کڵێسا بگرێتەوە کە ئەویش بەقوتابیکردنی نەتەوە و گەلانی جیاوازە. بەم شێوەیە، یەزدانناسی بەپێی کتێبی پیرۆز کڵێسا دەپارێزێت لە هەڵەی کوشندەی ڕاگەیاندنی ناڕاستی ئینجیل و ڕێنمایی کڵێسا دەکات بە ئاراستەی دانانی ڕاگەیاندنی دروستی ئینجیل لە ناوەند و چەقی ئەرکەکەی لە جیهاندا کە مەبەست لێی شکۆدارکردنی خودایە.

٣. **یەزداناسی بەپێی کتێبی پیرۆز لە مزگێنیداندا یارمەتیمان دەدات.** مزگێنیدان بەوانەی کە لەگەڵ مەسیحییەتدا ئاشنایەتییەکی ئەوتۆیان نییە، پێویستی بە شتی زیاتر هەیە لە ڕوونکردنەوەی «چوار یاسای ڕۆحی» یان «ڕێگای ڕۆما». خەڵکی یەکەم جار پێویستە لەوە تێبگەن کە جیهانبینی مەسیحییەت گۆڕانکارییەکی تەواو لە شێوازی بیرکردنەوە لەخۆ دەگرێت. لە کاتی مزگێنیداندا، دەبێت بە خودا و بەدیهێنانی گەردوون دەست پێبکەن، بۆ ئەوەی بزانین کە چ هەڵەیەک ڕوویدا. لەوێوە دەتوانین باسی ئەوەی بکەین کە خودا بە درێژایی مێژوو سەرقاڵی چ کارێک بووە، کە یارمەتیمان دەدات لەوە تێبگەین کە بۆچی عیسای نارد و ئەمڕۆ گرنگی ئەوە لەکوێدایە. هەتا بەجوانی و لە شوێنی گونجاوی خۆیدا لەو ڕووداوانەی ڕابردوو تێنەگەین، ناتوانین بزانین ئێستا خودا چی دەکات و لە داهاتوودا دەیەوێت چی بکات.

٤. **یەزداناسی بەپێی کتێبی پیرۆز یارمەتیمان دەدات کە کتێبی پیرۆز بەو جۆرە بخوێنینەوە و لێی تیبگەین و پاشان بۆ کەسانی دیکەی ڕوون بکەینەوە کە عیسا فەرمانی پێ کردووین.** عیسا خۆی لە (لۆقا ٢٤)دا فەرمووی کە ئەو کلیلی لێکدانەوەی نووسراوە پیرۆزەکانە. کەواتە ئەگەر نەتوانین کتێبی پیرۆز بەو جۆرە بخوێننەوە و لێی تێبگەین کە بەرەو عیسامان ببات، ئەوا ئامانجی سەرەکی کتێبی پیرۆز لەدەست دەدەین، لە ئەنجامدا دەبینە هۆی ئەوەی کە خەڵکی دیکەش هەمان هەڵە بکەن.

کاتێک کڵێسا ئامانجەکە ناپێکێت

دەرەنجامی کۆتایی ئەمە دەبێتە نەپێکانی ئامانجی سەرەکی چیرۆکی کتێبی پیرۆز دەبێتە هۆی دروستکردنی مزگێنی و کڵێسا چەوت و ناڕاستەکان. با سەرنجی هەندێک لەو هەڵانە بدەین کە خوداناسی بەپێی کتێبی پیرۆز یارمەتیمان دەدات خۆمانی لێ بپارێزین.

کڵێسای ئینجیلی خۆشگوزەرانی[2]

با بە جۆناتانتان بناسێنم. ئەو ڕۆژانە کتێبی پیرۆز دەخوێنێتەوە، ڕۆژانە نوێژ و نزا دەکات، بەڵام هەرگیز تەواوی کتێبی پیرۆزی نەخوێندۆتەوە. ئەگەر تەماشای کتێبە پیرۆزەکەی بکەیت، دەبینیت کە لە پەیمانی کۆندا بازنەی بە دەوری چەندین ئایەتدا کێشاوە، هەروەها لە پەیمانی نوێدا خەتی بەژێر چەندین ئایەتی دیکەدا هێناوە.

هاوسەری جۆناتان کە ناوی ڕێبێکایە، چەندین ئایەتی کتێبی پیرۆزی لەبەر کردووە و یەک یەک ئەو ئایەتانە فێری منداڵەکانی دەکات. جۆناتان و ڕێبێکا و منداڵەکانیان ئەندامی کڵێسایەکی خۆجێیەین لە شارەکەیان لە ئەفریقا یان هەر قارەیەکی دیکە. کاتێک کە داوام لە ڕێبێکا کرد هەندێک لەو ئایەتانەم پێ بڵێت کە ئەزبەری کردوون، (مەرقۆس ۱۱: ۲٤)ی پێ گوتم کە دەڵێت: «لەبەر ئەوە پێتان دەڵێم: هەموو ئەوەی داوای دەکەن و نوێژی بۆ دەکەن، باوەڕ بکەن کە وەرتانگرتووە، بۆتان دەبێت.» پاشان گوتی: ئەوە هەمان ئەو کارەیە کە ئیبراهیم کردی، بۆیە منیش هەمان شت دەکەم.

من (ڕۆبەرت) کە تۆزێک خەم دایگرتم، بڕیارم دا کە سەردانێکی یەکێک لە قەشەکانی کڵێساکەیان بکەم. کاتێک لەبارەی پەیامی سەرەکی کتێبی پیرۆزەوە پرسیارم لێکرد، گوتی: «زۆر ئاسانە. خودا عیسای نارد کە ژیانێکی تێر و تەسەل بەوانە ببەخشێت کە باوەڕی پێ دەکەن. خودا ئێستا ئەو ژیانەمان پێ دەبەخشێت لەگەڵ هەموو دەوڵەمەندی و بەرەکەتێک کە عیسا شایانییەتی، تەنها ئەگەر باوەڕمان هەبێت. ئێمە دەتوانین بەرەکەتەکانی خۆمان دروست بکەین، کاتێک وەکو ئیبراهیم بە باوەڕەوە نوێژ دەکەین.»

کڵێسای ئینجیلی مەدەنی[3]

من (ڕۆبەرت) جارێکیان سەردانی هەندێک باوەڕدارم کرد لە شارێکی ئەمریکا

---

۲ بە ئینگلیزی دەبێتە (The prosperity-Gospel Church)

۳ بە ئینگلیزی دەبێتە (The Civil-Gospel Church)

و لێم پرسین کە پەیامی کتێبی پیرۆز چییە. بەم شێوەیە وەڵامیان دامەوە:

وەکو دەزانیت ئەمریکا وڵاتێکی مەسیحییە، ئێمەش وەکو ئیسرائیل گەلی هەڵبژێردراوی خوداین. خودا ئەم گەلەی بەرەکەتدار کردووە، بەڵام وەکو چۆن لە (دووەم پوختەی مێژوو ٧: ١٤)دا هاتووە: «ئینجا کە گەلەکەم ئەوەی بە ناوی منەوە بانگ دەکرێت، بێفیز بوون و نوێژیان کرد و ڕوویان لە من کرد و لە ڕێگا خراپەکانیان گەڕانەوە، من لە ئاسمانەوە گوێ دەگرم و لە گوناهەکانیان خۆشدەبم و خاکەکەیان چاک دەکەمەوە.»

بەردەوامییان بە قسەکانیان دا و گوتیان:

کڵێساکەی من تیشک دەخاتە سەر خودا و وڵات. ئێمە دەزانین کە ئەمریکا وڵاتێکی مەسیحییە، بەڵام ئێستا ڕێگە نادەن دە ڕاسپاردەکەی موسا لەسەر دیواری قوتابخانە حکومییەکان بنووسرێن! ئەگەر ئەمریکاییەکان بینە کەسانی باش، وەکو ئیبراهیم و موسا و داود، ئەوا هەمووومان گەشە دەکەین و چێژ لەو ئاسایش و ئاسوودەیی بەرەکەتی خودا وەردەگرین.

کڵێسای شۆربای چێشتخانە[٤]

زۆر نییە کە (جۆن) ماڵی گواستوەتەوە بۆ شار و بووەتە بەشێک لە تۆڕی کۆمەڵە کڵێسایەک کە ئامانجیان خزمەتکردنی هەژارانە. ئیشی سەرەکی جۆن بریتییە لە بەڕێوەربردنی یەکێک لەو شوێنانەی کە خۆراکیان بەسەر هەژاراندا دابەش دەکرد. کڵێساکەی جۆن دەیانەوێت ئەو فەرمانەی کتێبی پیرۆز جێبەجێ بکەن کە دەڵێت: «ئەی مرۆڤ، یەزدان پێی ڕاگەیاندیت کە چی چاکە و داوای چیت لێدەکات: دادوەری بەجێبهێنە و حەزت لە خۆشەویستی نەگۆڕ بێت و بە بێفیزی لەگەڵ خوداکەت هاتوچۆ بکەیت» (میخا ٦: ٨). جۆن دان بەوەدا دەنێت کە کڵێساکەی زۆرتر تیشک دەخاتە سەر ئەوەی کە ئێمە دەتوانین چی بۆ خودا بکەین زیاتر لەوەی کە خودا بەهۆی مەسیحەوە چی بۆ ئێمە کردووە. هەروەها دەڵێت دەبێت لە هەر شوێنێک بین، هەوڵی کەمکردنەوەی ئازار

٤ بە ئینگلیزی دەبێتە (The Soup-Kitchen Church)

و نەهامەتییەکانی خەڵکی بدەین. تیرکردنی «کەمترین ئەمانە» ئەو شتەیە کە کڵێساکەمان پێی بەناوبانگە. ئایا کێشەی ئەوە چییە؟

کڵێسای پشتڕاستکردنەوەی بەدڕەوشتی[5]

یەزدانناسی بەپێی کتێبی پیرۆز یارمەتی باوەڕدارە دڵسۆزەکان دەدات کە لێکدانەوەی هەڵەی کتێبی پیرۆز بناسنەوە و ڕەتی بکەنەوە کە دژی چیرۆکی گشتی کتێبی پیرۆزە. (سنتیا) قوتابی زانکۆیە کە تەواوی خێزانەکەی شوێنکەوتووی مەسیحن. هەمیشە باسی کتێبی پیرۆزی بۆ کراوە و وێنە گەورەکەی کتێبی پیرۆز بەجوانی دەزانێت. تەنانەت خولێکی یەک ساڵەی کتێبی پیرۆزی بە زمانی یۆنانی دیتووە. ئەو باوەڕدارێکی پتەوە، بەڵام لەم دواییانەدا سەری لێشێواوە، چونکە هەندێک باوەڕداری هاوڕەگەزبازی ناسیوە کە زۆر میهرەبان و دڵفراوان و خۆشەویستن.

سنتیا لە خۆی دەپرسێت: «چۆن دەکرێت کتێبی پیرۆز دژی کەسانی لەم شێوەیە بێت؟» بەو هۆیەوە دەستی کردووە بە خوێندنەوەی ئەو بابەتانەی کە شارەزایانی کتێبی پیرۆز ئەو دەقە وەرگێڕدراوانەی زمانی ئینگلیزی دەخەنە ژێر پرسیارەوە کە بۆ بە گوناه ناساندنی ڕەگەخوازی بەکارهاتووە. لەم بارەیەوە پرسیار دەکات و دەڵێت: «لەبەر ئەوەی کە هیچ ئایەتێک بە تایبەتی هاوسەرگیری هاوڕەگەزخوازەکانی قەدەغە نەکردووە، چی ڕوودەدات ئەگەر دوو کچ بەڕاستی یەکتریان خۆش بووێت؟»

دەرەنجام

ئەوانەی کە ئاماژەمان پێکردن چەند کێشەیەک بوون کە یەزدانناسی بەپێی کتێبی پیرۆز یارمەتی باوەڕداران و کڵێسا خۆجێییەکان دەدات کە چارەسەری بکەن. بێگومان کێشەی دیکەش هەن. لەگەڵ خوێندنەوەی زیاتری ئەم کتێبەدا، دەبینین کە چۆن یەزدانناسی بەپێی کتێبی پیرۆز یارمەتیمان دەدات کە چیرۆکەکە

---

٥ بە ئینگلیزی دەبێتە (The Immorality-Affirming Church)

ڕاست بکەینەوە بە دانانی عیسای پاشا لە سەرەتا و ناوەند و کۆتایی چیرۆکە ڕاستەقینەکەی کتێبی پیرۆز.

بەڵام ئێمە خەریکین بەبێ ئامادەکاریی پێشوەخت هەنگاو دەنێین. باشتر وایە کە یەکەم جار وەڵامی ئەم پرسیارە بدەینەوە: یەزدانناسی بەپێی کتێبی پیرۆز چییە؟

وەرزی دووەم

یەزدانناسی بەپێی کتێبی پیرۆز چییە؟

شوێنکەوتنی نەخشەی کتێبی پیرۆز کە ڕاستەوخۆ بەرەو عیسامان دەبات

باشترە کە دان بەوەدا بنێم کە من (نیک) کێشەم لەگەڵ ئاراستەی ژیانمدا هەیە. هاوڕێکان و خێزانەکەم دەتوانن شایەتی بۆ ئەوە بدەن کە من هەرگیز نەمتوانیوە بەبێ ڕێنمایی ئاراستەی ژیانم بگرمە دەست. لەبەر ئەم کێشەی ئاراستەیە، بەڕاستی مایەی ئاسوودەییە کە دەزانم تاکە شتێک پێویستمە بۆ ئەوەی بتوانم بگەمە شوێنی مەبەست، بریتییە لە شوێنکەوتنی پلان و نەخشەیەک.

بینیمان کە درک نەکردن بە ئامانجی سەرەکی چیرۆکی کتێبی پیرۆز دەبێتە هۆی سەرهەڵدانی ئینجیل و کڵێسای نادروست. ئەوەی کە ئێستا پێویستیمانە چوارچێوەیەکە بۆ تێگەیشتن لە تەواوی کتێبی پیرۆز. یەزدانناسی بەپێی کتێبی پیرۆز ئەو چوارچێوەیە دابین دەکات، چونکە لە کاتی خوێندنەوەی کتێبی پیرۆزدا ڕێنماییمان دەکات و دەمانپارێزێت لە شیکردنەوە و ڕاڤەی هەڵە و خراپ. یەزدانناسی بەپێی کتێبی پیرۆز ڕێگایەکە بۆ خوێندنەوەی تەواوی چیرۆکی کتێبی پیرۆز لە کاتێکدا تیشک و سەرنجمان لەسەر خاڵە سەرەکییەکەیەتی کە ئەویش عیسای مەسیحە. بە واتایەکی دیکە، یەزدانناسی بەپێی کتێبی پیرۆز نەخشەڕێگای کتێبی پیرۆزە کە بەرەوە عیسامان دەبات.

بەڵام چۆن دەزانین کە عیسا خاڵ و ئامانجی سەرەکی تەواوی کتێبی پیرۆزە؟ چونکە عیسا وامان پێ دەڵێت.

باشترین خوێندن و لێکدانەوەی کتێبی پیرۆز

بیهێنە پێش چاوی خۆت کە لەگەڵ ئەو قوتابییانەدایت کە لەسەر ڕێگەی

ئەمـواس چاویـان بـە عیسـای زیندووبـووەوە کـەوت. ئـەم دیمەنـە نایابـە لـە (لۆقـا ٢٤) دا تۆمـار کـراوە. ئـەوەی کـە ڕوویـدا ڕێـک باشـترین خوێنـدن و لێکدانـەوەی کتێبـی پیـرۆز بـوو.

دووان لـە قوتابییـەکان دەچوونـە گوندێـک کـە شەسـت تیرهاوێـژ لـە ئۆرشـەلیم دوور بـوو. لۆقـا پێـمان دەڵێـت کـە «کاتێـک قسـە و گفتوگۆیـان دەکـرد، عیسـا خـۆی لێیـان نزیـک بـووەوە و لەگەڵیـان دەڕۆیشـت، بـەڵام چاویـان لـە ناسـینی بەسـترا (لۆقـا ٢٤: ١٥- ١٦). پاشـان قوتابییـەکان ئـەو ڕووداوە باشـانەیان بـە عیسـا گـوت کـە لـە ئۆرشـەلیمدا ڕوویدابـوو.

«باسـی عیسـای ناسـیرەیی، کـە پێغەمبەرێکـی توانـادار بـوو لـە قسـە و کـرداردا، لـەلای خـودا و هەمـوو گـەل، چـۆن کاهینانـی بـاڵا و فەرمانڕەواکانـمان دایانـە دەسـت سـزای مـردن و لـە خاچیـان دا. بـەڵام ئێمـە هیـوادار بوویـن کـە ئەمـە ئـەو کەسـە بێـت کـە ئیسرائیـل دەکڕێتـەوە. لەگـەڵ هەمـوو ئەمانەشـدا ئەمـڕۆ سـێیەم ڕۆژە ئەمـە ڕوویـداوە. کەچـی هەندێـک لـە ژنانـمان سەرسـامیان کردیـن، بەیانـی زوو لەسـەر گـۆڕەکـە بـوون و تەرمەکەیـان نەبینیبـوو، هاتنـەوە گوتیـان، فریشـتەمان بینیـوە دەڵێـن ئـەو زینـدووە. هەندێـک لـە ئێمـە چوونـە سـەر گـۆڕەکـە و بینییـان وایـە، وەک ژنـەکان گوتیـان، بـەڵام ئەویـان نەبینیبـوو.» (لۆقـا ٢٤: ١٩: ٢٤)

عیساش لە وەڵامدا فەرمووی:

«ئـەی گێـل و دڵخـاوەکان لـە باوەڕکـردن بـە هەمـوو ئـەوەی پێغەمبـەران باسـیان کـردووە! نەدەبووایـە مەسـیح ئـەم شـتانە بچێژێـت و بچێتـە نـاو شـکۆمەندییەکەی خـۆی؟» ئەوسـا دەسـتی کـرد بـە ڕوونکردنـەوەی ئـەو شـتانەی دەربـارەی خـۆی بـوو لـە هەمـوو نـووسراوە پیرۆزەکانـدا، هـەر لـە تەوراتـی موسـاوە هەتـا هەمـوو پەڕتووکەکانـی پێغەمبـەران.» (لۆقـا ٢٤: ٢٥- ٢٧)

دواتر عیسا بە قوتابییەکانی فەرمووو:

«ئـەم قسـانەم بـۆ کـردن کاتێـک لەگەڵتـان بـووم: پێویسـتە هەمـوو ئەوانـەی لـە تەوراتـی موسـا و پێغەمبـەران و زەبـووردا دەربـارەی مـن نـووسراون بێنـە دی. ئینجـا

مێشکی کردنـەوە، تاکو نـووسراوە پیـرۆزەکان تێبگـەن. پێـی فەرمـوون: ئـاوا نـووسراوە، کـە مەسـیح ئـازار دەچێژێـت و لـە ڕۆژی سـێیەم لەنێـو مـردووان هەڵدەسـتێتەوە، بـە نـاوی ئەویـش تۆبەکـردن بـۆ لێخۆشـبوونی گونـاە بـۆ هەمـوو گـەلان جـاڕ بدرێـت، ئەمـەش لـە ئۆرشـەلیمەوە دەسـتپێدەکات.» (لۆقـا ٢٤: ٤٤- ٤٧)

بـە واتایەکـی دیکـە، کاتێـک عیسـا ئامـاژەی بـە پەیمانـی کـۆن کـرد، دەیویسـت ئەوە بـە قوتابییـەکان بڵێـت کـە کتێبەکانـی پەیمانـی کـۆن هەموویـان لەبـارەی ئـەوەوە نـووسراون. لۆقـا بـەم شـێوەیە باسـی دەکات: «عیسـا دەسـتی کـرد بـە ڕوونکردنـەوەی ئـەو شـتانەی دەربـارەی خـۆی بـوو لـە هەمـوو نـووسراوە پیرۆزەکانـدا» (لۆقـا ٢٤: ٢٧).

پێگـە و جێگـەی عیسـا ڕوون و ئاشـکرایە. بەڕاسـتی گێلانەیـە کـە پەیمانـی کـۆن بخوێنیتـەوە و لـەوە تێنەگەیـت کـە عیسـا خاڵـی سـەرەکییەتی. تـەواوی چیرۆکـی کتێبی پیـرۆز دەربـارەی عیسـایە. پەیمانـی کـۆن بەڵێنـی هاتنـی مەسـیح دەدات و ئامـاژە بـە مەسـیح و ئەرکەکـەی دەکات، هەروەهـا پەیمانـی نـوێ ئـەو بەڵێنـە شـکۆدارانە دەردەخـات کـە لـە مەسـیحدا دێنـە دی.

کەواتـە چیرۆکـی کتێبـی پیـرۆز لەبـارەی پاشـایەتی خـودا و فەرمانڕەوایـی و حوکمـە دادپەروەرانەکەیەتـی؛ دەربـارەی لێخۆشـبوونی گوناهەیـە کـە پاشـا بـۆ گەلەکـەی دەسـتبەر دەکات، کـە هەمـوو هـۆز و زمـان و گـەل و نەتەوەیـەک سـوپاس و ستایشـی دەکـەن. ئەگـەر بـە دروسـتی لـە تـەواوی چیرۆکـی کتێبـی پیـرۆز تێبگەیـت، ئـەوا دەبینیـت کـە هـەر لـە سـەرەتاوە هەتـا کۆتایـی تیشـک دەخاتـە سـەر عیسـای مەسـیح.

یەزدانناسی بەپێی کتێبی پیرۆز چییە؟

دەبێـت بـە کورتـی ڕوونـی بکەینـەوە کە مەبەسـتمان لـە دەسـتەواژەی «یەزدانناسـی بەپێـی کتێبـی پیـرۆز» چییـە؟ ئەگـەر باوەڕمـان بـەوە هەبێـت کـە کتێبـی پیـرۆز وشـەی بێگـەرد و کامڵـی خودایـە و بـە سروشـی خـودا نـووسراوە، ئایا نابێـت ئامانجـمان ئـەوە بێـت کـە هەمـوو یەزدانناسـییەک بەپێـی کتێبـی پیـرۆز بێـت؟ بەڵـێ، بێگومـان. بـەڵام کاتێـک لـەم کتێبـەدا دەسـتەوژەی «یەزدانناسـی بەپێـی کتێبـی پیـرۆز» بەکاردێنیـن، ئـەوا ئێمـە ئامانجـمان لـە شـتێکی وردتـر و دەقیقـترە.

لە لایەکەوە، یەزدانناسی خود بە خود و بە شێوەیەکی سیستەماتیک لەگەڵ بابەتە بنەڕەتییەکانی (خودا، مرۆڤ، گوناە، مەسیح، ڕزگاری، هتد) دەستپێدەکات، پاشان دەڕوانێتە کتێبی پیرۆز بۆ ئەوەی بزانێت چ شتێکمان لەبارەیانەوە فێر دەکات. لە لایەکی دیکەوە، هەوڵ دەدات کە تەواوی چیرۆکی کتێبی پیرۆز بخوێنێتەوە و پرسیار بکات ئاخۆ چۆن هەر بەشێک پەیوەستە بە تەواوی کتێبەکەوە.

یەزدانناسی بەپێی کتێبی پیرۆز ڕێگەیەکە بۆ خوێندنەوەی کتێبی پیرۆز وەک یەک چیرۆک کە خودا نووسەرەکەیەتی، کە ناسنامە و کارەکانی عیسا لوتکەی چیرۆکەکەیە، بۆ ئەوەی هەموو بەشێکی کتێبی پیرۆز بە گەڕانەوە بۆ لای عیسا تێبگەین. یەزدانناسی بەپێی کتێبی پیرۆز یارمەتیمان دەدات کە وەک یەک کتێبی گەورە لە کتێبی پیرۆز بڕوانین کە لە چەندین کتێبی بچووک پێکهاتووە، کە یەک چیرۆکی گەورە لەخۆ دەگرن و عیسای مەسیح پاڵەوان و کەسایەتی سەرەکیی چیرۆکەکەیە.

یەزدانناسی بەپێی کتێبی پیرۆز بۆ کڵێسایە کە بە کتێبی پیرۆز دەست پێدەکات و بە عیسای پاشا و کڵێساکەی کۆتایی دێت.

یەزدانناسی بەپێی کتێبی پیرۆز بۆ کڵێسایە

هەر چەندە ڕێکوپێکی و دیسیپلنی یەزدانناسی بەپێی کتێبی پیرۆز دەکرێت لە ڕووی تەکنیکییەوە زۆر پێشکەوتوو بێت، بەڵام تەنانەت باوەڕدارە سەرەتاییەکانیش دەیانزانی کە چەندە بەهادار و بەنرخە و لە سوود و قازانجەکەی بۆ کڵێسا تێگەیشتبوون.

لە (کرداری نێردراوان ١٧)دا دەیخوێنینەوە کە پۆڵس و سیلا مزگێنییان دا بە خەڵکی سالۆنیکی و پاشان کاتیان لە مزگێنیدان بەو جولەکانە بەسەر برد کە لە کەنیشتی بیریە بوون. پۆڵس «بە نووسراوە پیرۆزەکان گفتوگۆی لەگەڵ دەکردن، ڕوونی دەکردەوە و دەریدەخست کە دەبووایە مەسیح ئازار بچێژێت و لەنێو مردووان هەستێتەوە. پێی گوتن: ئەم عیسایەی من پێتانی ڕادەگەیەنم، مەسیحەکەیە» (کرداری نێردراوان ١٧: ٢- ٣). پاشان چی ڕوویدا؟ هەندێکیان

باوەڕیـان هێنـا، «هەروەهـا زۆر لـە یۆنانـی خواپەرسـت و لـە ژنـە خانەدانەکانیـش کـە ژمارەیـان کـەم نەبـوو» (١٧: ١٢).

خەڵکـی بیریـە گوێیـان لـە قسـە و ڕوونکردنـەوە و بەڵگەکانـی پۆڵـس گـرت کـە لـە پەیمانـی کۆنـەوە سـەرچاوەی گرتبـوو. ئـەوان گوێیـان لـەوە گـرت کـە پۆڵـس گوتـی کـە دەبووایـە پاشـای بەڵێنـدراوی خـودا، واتـە عیسـای مەسـیح «ئـازار بچێژێـت و لەنێـو مـردووان هەسـتێتەوە» (کـرداری نێـردراوان ١٧: ٣). پۆڵسـی نێـردراو یارمەتـی گوێگرەکانـی دا لـەوە تێبگـەن کـە چـۆن بابـەت و ئامانجـی سـەرەکی چیرۆکـی کتێبـی پیـرۆز تیشـک دەخاتـە سـەر عیسـا و لـەودا دەگاتـە لوتکـە. پۆڵـس نەخشـەیەکی کتێبـی پیـرۆزی بـۆ دەسـتەبەر کـردن کـە بـەرەو مەسـیحی دەبـردن، بـە نیعمەتـی خـودا، زۆرێـک لـە خەڵکـی بیریـە باوەڕیـان هێنـا.

بـەڵام سـەرنجی ئەمـە بـدە: خەڵکـی بیریـە تەنهـا باوەڕیـان بـە قسـەکانی پۆڵـس نەکـرد. لۆقـا کـە نووسـەری سـیپارەی کـرداری نێردراوانـە پێـمان دەڵێـت کـە «بـەڵام خەڵکـی بیریـە لـە سـالۆنیکییەکان تێگەیشـتووتر بـوون، بەوپـەڕی پەرۆشـییەوە پەیامەکەیـان وەرگـرت، ڕۆژانـە لـە نـووسراوە پیـرۆزەکان ورد دەبوونـەوە ئاخـۆ شـتەکان ئـاوان» (کـرداری نێـردراوان ١٧: ١١). خەڵکـی بیریـە بەوپـەڕی تامەزرۆیـی و پەرۆشییەوە پەیامەکەیـان وەرگـرت، ڕۆژانـە لـە نـووسراوە پیـرۆزەکان ورد دەبوونـەوە بـۆ ئـەوەی لـە ڕاسـتی و دروسـتیی ئـەو پەیامـەی کـە فێرکـراون دڵنیـا بـن.

باوەڕدارانـی سـەرەتایی پێیـان وا نەبـوو کـە یەزدانناسـی بەپێـی کتێبـی پیـرۆز تەنهـا بـۆ نێردراوانـە. هەروەهـا پێیـان وا نەبـوو کـە یەزدانناسـی بەپێـی کتێبـی پیـرۆز تایبەتـە بـەو کەسـە ئەکادیمیانـەی کـە لـە قوتابخانـەی تایبەتـی کتێبـی پیـرۆزدا دەخوێنـن. لـە جێگـەی ئـەوە پێیـان وابـوو ئـەوە بەرپرسـیاریەتی ئەوانـە کـە لێکۆڵینـەوە لەسـەر نـووسراوە پیـرۆزەکان بکـەن و چوارچێوەیەکـی دڵسـۆزانە بکێشـن بـە مەبەسـتی تێگەیشـتن لـەوەی کـە چـۆن عیسـا چەقـی چیرۆکـی کتێبـی پیـرۆزە و لـەودا دەگاتـە لوتکـە.

ئـەوان تێگەیشـتن کـە یەزدانناسـی بەپێـی کتێبـی پیـرۆز بـۆ کڵێسـایە. ئەگـەر تـۆ لەگـەڵ مەسـیحدا یەکـت گرتـووە، ئـەوا یەزدانناسـی بەپێـی کتێبـی پیـرۆز بـۆ تۆشـە.

یەزدانناسی بەپێی کتێبی پیرۆز بە کتێبی پیرۆز دەست پێدەکات

یەزدانناسی بەپێی کتێبی پیرۆز بە نوێژ و خوێندنەوەیەکی وردی کتێبی پیرۆز دەست پێدەکات. بە بێفیزییەوە دێینە بەردەم کتێبی پیرۆز و هەوڵ دەدەین کە بەپێی مەرجەکانی خودی کتێبەکە لە چیرۆکە مەزنەکەی تێبگەین.

کتێبی پیرۆز هەتا بڵێی فرەلایەن و هەمەچەشنە. لە بنەڕەتیدا لە یەک کتێبی گەورە پێکهاتووە کە چەندین کتێبی بچووک لەخۆ دەگرێت کە چەندین نووسەر لە کات و سەردەمی جیاوازدا هەستاون بە نووسینی، کە لە چەندین ژانری ئەدەبی جیاواز پێکهاتوون. کەواتە لە کاتی خوێندنەوەی کتێبی پیرۆزدا ڕووبەڕووی هەمەچەشنییەکی زۆر دەبینەوە: داستان، هۆنراوە، یاسا، دانایی، پێشبینی، نامەکان و مژدەکان. هەوڵدان بۆ بەیەکەوە بەستنەوەی ئەو هەمووە کتێبە جیاوازانە، کە لە سەردەم و کاتی جیاوازەوە و لە لایەن کەسانی جیاوازەوە بۆ خوێنەرانی جیاواز نووسراون، لە کارێکی ئاسان ناچێت؛ لەڕاستیشدا ئاسان نییە!

بەڵام لەگەڵ ئەوەشدا نابێت ئەوە بە کارێکی مەحاڵ بزانین. بە دڵنیاییەوە دەتوانین یەزدانناسی بەپێی کتێبی پیرۆز جێبەجێ بکەین، چونکە تەواوی کتێبی پیرۆز یەک کتێبە و فووی خودایە: «هەموو نووسراوە پیرۆزەکان لە سروشی خودان» (دووەم تیمۆساوس ٣: ١٦). یەکبوونی چیرۆکی کتێبی پیرۆز لەسەر کۆتا نووسەرەکەی دامەزراوە و بنیات نراوە کە ئەویش خودی یەزدانە.

بڕوانە پەترۆسی نێردراو چۆن باسی کتێبی پیرۆز دەکات: «لە سەرووی هەموو شتێکەوە ئەمە بزانن، کە هیچ پێشبینییەک لە نووسراوە پیرۆزەکاندا بە لێکدانەوەی خودی پێغەمبەرەکە نەنووسراوە، چونکە هەرگیز پێشبینی بە خواستی مرۆڤ نەهاتووە، بەڵکو ڕۆحی پیرۆز ڕابەرایەتی مرۆڤەکانی کردووە، بۆ ئەوەی پەیامی خودا ڕابگەیەنن» (دووەم پەترۆس ١: ٢٠- ٢١). ئەگەر ئەم کتێبانە لە فووی خوداوە سەرچاوەیان گرتبێت، ئەوا دەبێت بە نوێژ و وریاییەوە بیانخوێنینەوە و هەوڵی تێگەیشتن لە ئامانج و پلانە گەورەکەی بدەین.

بیهێنە پێش چاوی خۆت کە هەر یەک لە سیپارەکانی کتێبی پیرۆز وەکو ئەستێرە دەدرەشێتەوە. هەتا بەپێی پێویست دوور نەکەویتەوە ناتوانیت کۆمەڵە

ئەستێرە مەزن و شکۆدارەکە ببینێت. یەزدانناسی بەپێی کتێبی پیرۆز هەر ئەستێرەیەک شی دەکاتەوە و تێکەڵی دەکات، پاشان دوور دەکەوێتەوە بۆ ئەوەی بڕوانێتە وێنە سەرسامکەرەکەی شکۆی خودایی.

هەروەها پرسارەکە ئەوەی کە ئاخۆ چ شتێک دەکەوێتە ناوەند و چەقی ئەم کۆمەڵە ئەستێرە شکۆدارەوە؟ خودای باوک، کوڕەکەی خۆی دەنێرێت بۆ ئەوەی لە ڕێگەی ڕۆحی پیرۆز گەلێک بۆ شکۆی خۆی بکڕێتەوە.

یەزدانناسی بەپێی کتێبی پیرۆز بە عیسای پاشا و کڵێساکەی کۆتایی دێت

تەواوی کڵێسا شانازی ئەوەی پێدراوە کە یەزدانناسی بەپێی کتێبی پیرۆز بەکاربهێنن. دەبێت بە نوێژ و بە وردی هەموو بەشەکانی کتێبی پیرۆز بخوێنینەوە، تاکو بتوانین لە واتای گشتی کتێبەکە تێبگەین. کاتێک کە بەردەوام تەواوی چیرۆکی کتێبی پیرۆز دەخوێنینەوە، ئەوەی کە ڕوون دەبێتەوە بریتییە لەو تیشک و سەرنجە تایبەتەی کە لەسەر عیسایە.

گوێ لە وشەکانی پۆڵس بگرە کە دەڵێت: «ئەو پێش هەموو شتێکە و هەموو شتێکیش بەهۆی ئەوەوە یەکیگرتووە» (کۆلۆسی ١: ١٧). مەسیح کە پاشای بەڵێندراوە، ئەو کەسەیە کە هەموو شتێکی ڕاگرتووە، بە چیرۆکی گەورەی کتێبی پیرۆزیشەوە. پەیمانی کۆن ئامادەکاری و ڕێگە خۆش دەکات بۆ هاتنی پاشا. پەیمانی نوێ هاتنی پاشا و ئەرکەکەی بۆ هەموو جیهان ڕادەگەیەنێت. هەر بۆیە، یەزدانناسی بەپێی کتێبی پیرۆز بە عیسای پاشا و بەڵێنەکانی بۆ ڕزگارکردن و کڕینەوەی گەلێک بۆ خۆی بە مەبەستی ستایشکردنی، کۆتایی دێت.

دەرەنجام

یەزدانانی بەپێی کتێبی پیرۆز یارمەتیمان دەدات کە لەوە تێبگەین چۆن نەخشەی شکۆداری کتێبی پیرۆز تیشک دەخاتە سەر عیسای مەسیحی پاشای زیندوو و گەلە بە خوێن کڕدراوەکەی. ئێمەش دەمانەوێت وەکو قوتابییەکانی سەر ڕێگەی ئەمواس، چاو و بیرمان بکرێتەوە (لۆقا ٢٤: ٣١، ٤٥) بۆ ئەوەی عیسا

لـە هەمـوو نـوسراوە پیرۆزەکانـدا بناسـینەوە تاکـو بتوانیـن لـە قووڵایـی دڵمانـەوە خۆشـمان بوێـت (لۆقا ٢٤: ٣٢). ئەگـەر بـە شـێوەیەکی دروسـت نەخشـەڕێگای کتێبـی پیـرۆز بخوێنینـەوە، ئـەوا دەبێـت هەمیشـە بـەرەو عیسـا و گەلەکەیـمان ببـات کـە ئێمەیـن. بـا ئێسـتاش پێکـەوە هەندێـك کات لـە خوێندنـی نەخشـەی کتێبـی پیـرۆزدا بەسـەرببەین و بـە چـاوی خۆمـان ببینیـن کـە چـۆن دەربـارەی پاشـا و خواسـت و ویسـتەکانیەتی کـە ئەویـش بەدەسـتهێنانی شـکۆمەندییە لـە ڕێگـەی کڕینـەوەی گەلەکـەی بـۆ خـۆی.

وەرزی سێیەم

چیرۆکی گەورەی کتێبی پیرۆز چییە؟

بەشی یەکەم

چیرۆکی کتێبی پیرۆز چیرۆکی خودایە. چیرۆکی خودای پاشایە. کتێبی پیرۆز بە خودایەکی شکۆدار دەست پێدەکات و کۆتایی پێدێت کە فەرمانڕەوا و حوکمڕانێکی هەرەبەتوانا و دەسەڵاتدارە و بەدیهێنەری هەموو جیهانە (پەیدابوون ١؛ ئاشکراکردن ٢٠- ٢٢)، هەروەها بۆ هەتاهەتایە وەکو باوک و کوڕ و ڕۆحی پیرۆز بوونی هەیە. تەنها خودا دەسەڵاتی بەسەر بەدیهێنراواندا هەیە. ئەم جیهانە، جیهانی ئێمە، جیهانێکە کە بە باشترین شکڵ و شێواز دروستی کردووە. ئەمە جیهانی خودایە و دەسەڵاتی بەسەر هەموو شتێکیدا هەیە. چیرۆکی کتێبی پیرۆز لە چیرۆکی پاشا پێکهاتووە. هەمووی دەربارەی ئەو پاشایە و شکۆمەندییەکەیەتی. لە سەرەتای هەموو شتێکەوە دەست پێدەکات.

پاشا گەردون بەدیدەهێنێت و پەیمان دەبەستێت

چیرۆکی خودا بە ڕاگەیاندنی بەدیهێنان دەست پێدەکات: «لە سەرەتادا خودا ئاسمان و زەویی بەدیهێنا.» (پەیدابوون ١: ١). خودا هەموو شتێکی بەدیهێنا و لەبەر ئەوەی بەدیهێنەری هەموو شتێکە هەر بۆیە دەسەڵاتی بەسەر هەموو شتێکدا هەیە.

«یەزدان تەختی خۆی لە ئاسمان چەسپاندووە و پاشایەتییەکەشی بەسەر هەمووانەوە فەرمانڕەوایەتی دەکات.» (زەبوورەکان ١٠٣: ١٩)

پاشا تەنها بە دەربڕینی وشە مەزنەکانی، هەموو زەوی پڕ کرد لە خاک و دەریا و ڕووەک و بوونەوەر، هەروەها شوێنێکی باشی بۆ جوانترین بەدیهێنراوەکانی

دروست کرد بۆ ئەوەی لەگەڵ ئەودا بژین. سیپارەی پەیدابوون بەم جۆرە باسی دەکات:

«خودا مرۆڤی لەسەر وێنەی خۆی بەدیهێنا، لەسەر وێنەی خودی خۆی بەدیهێنا، بە نێر و مێ بەدیهێنان.» (پەیدابوون ١: ٢٧)

بە پێچەوانەی بوونەوەرەکانی دیکەوە، خودا مرۆڤی دروست کرد بۆ ئەوەی پەیوەندییەکی تایبەتی لەگەڵی هەبێت. ئادەم و حەوا کە تاجی نێو بەدیهێنراوانی پاشا بوون، لە وێنەی خودا دروست کران، لەبەردەم ئامادەبوونی پڕ لە شکۆی پاشاکەیان چێژیان لە ژیان وەردەگرت. خودا دەیویست کە هەڵگرانی وێنەکەی، وێنەی ئەو لە هەموو زەویدا بڵاو بکەنەوە: «بەردار بن و زۆر بن و زەوی پڕ بکەن و بیخەنە ژێر ڕکێفتانەوە. دەسەڵاتدار بن بەسەر ماسی دەریا و باڵندەی ئاسمان و بەسەر هەموو بوونەوەرێکی زیندوودا کە لەسەر زەوی دەجوڵێتەوە» (پەیدابوون ١: ٢٨).

ئادەم بە تایبەتی دەبوا وەکو چاودێری خودا خزمەتی بکردبا، دەسەڵاتی بسەپاندبا - لە باخچەی عەدەنەوە دەستی پێدەکرد و هەتا تەواوی زەوی دەگرتەوە. وردەکاری ئیشەکەی لە (پەیدابوون ٢: ١٥)دا هاتووە: «یەزدانی پەروەردگار پیاوەکەی هێنا و لە باخچەی عەدەن داینا، بۆ ئیشی جوتیاری و بایەخ پێدانی. وەکو چۆن کاهین چادری پەرستنی دەپاراست، ئادەمیش بە هەمان شێوە لە ڕێگەی پاراستنی باخچەوە خودای دەپەرست و خزمەتی دەکرد (سەرژمێری ٣: ٨). دەبوا ڕێگەی نەدابا کە هیچ شتێکی ناپاک بێتە نێو شوێنی پیرۆزی خوداوە.

بەپێی وشەی خودا، ئادەم و حەوا پێکەوە بۆ ئەوە دروست کران کە چێژ لە بەدیهێنانی جوانی خودا وەربگرن. هەر لە سەرەتاوە پەیمانی پەیوەندی لەنێوان خودا و گەلەکەیدا دەبینین. هەر چەندە وشەی «پەیمان» لە (پەیدابوون ١- ٢)دا نییە، بەڵام زۆرێک لە ئاماژەکان دەریدەخەن کە خودا مرۆڤی دروست کرد بۆ ئەوەی بە شێوەی پەیمان و بەڵێن پەیوەندی لەگەڵ دروست بکات (ڕۆما ٥: ١٢- ٢١).

ئەوە لە شتێکی خۆش و جوان دەچێت، بەڵام پەیمان بە وردی واتای چییە؟ لەم ڕۆژگارەدا ئەم وشەیە زۆر بەکار نایەت. بە کورتی و پوختی، پەیمان بریتییە

لـە «پەیوەسـتبوونیکی جـدی و گەرەنتـی ئـەو بەڵێـن و ئەرکانـە دەکات کـە لایەنێـک یـان دوو لایەنـی بەڵێنـدەر داویانـە، بـە سـوێندێک مـۆر دەکرێـت و دادەخرێـت».[٦] ڕێنماییەکانـی خـودا بـۆ ئـادەم ڕوون و ئاشـکرا بـوون: «یەزدانـی پـەروەردگار پیاوەکـەی هێنـا و لـە باخچـەی عـەدەن داینـا، بـۆ ئیشـی جوتیـاری و بایـەخ پێدانـی. یەزدانـی پـەروەردگار فەرمانـی بـە پیاوەکـە دا و فەرمـووی: تـۆ ئازادیـت لـە هەمـوو درەختەکانی باخچەکـە بخۆیـت، بـەڵام بـۆت نییـە لـە درەختـی زانینـی چاکـە و خراپـە بخۆیـت، چونکـە لـەو ڕۆژەی لێـی بخۆیـت بێگومـان دەمریـت» (پەیدابـوون ٢: ١٥- ١٧). خـودا کۆمەڵێـک ئـەرک و فەرمانـی بـۆ ئـادەم دیـاری کـرد و بەڵێنـی دا کـە لـە کاتـی گوێڕایەڵیـدا بەرەکەتـدار و لـە کاتـی سـەرپێچیدا نەفرەتـی بهێنێتـە سـەر.

ئامۆژگاری سەبارەت بە وتاردان و فێرکردن

کاتێـک کـە وتـار لەسـەر (پەیدابـوون ١) دەدەیـت و فێرکردنـی لەبـارەوە پێشـکەش دەکەیـت، دەکرێـت بـە ئاسـانی بابەتـە گرنـگ و سـەرەکییەکە پشـتگوێ بخەیـت. هـەوڵ بـدە ئـەم جـۆرە پەیوەندییـە دروسـت بکەیـت:

- خـودای هەتاهەتایـی کـە هەمـوو شـتێکی بەدیهێنـا (پەیدابـوون ١: ١) ڕۆژێک هەمـوو شـتێک نوێ دەکاتـەوە (ئیشـایا ٦٥: ١٧؛ ئاشـکراکردن ٢١: ٥).
- وتـاردان و فێرکـردن لەبـارەی ئادەمـەوە، لـە کۆتاییـدا پەیوەنـدی هەیـە بـە کۆتـا ئادەمـەوە کـە عیسـای مەسـیحە (ڕۆمـا ٥).
- کـوڕی خـودا ئـەو کەسـەیە کـە خـودا لـە ڕێگـەی ئـەوەوە هەمـوو شـتێکی بەدیهێنـاوە (کۆلۆسـی ١: ١٥- ٢٠؛ عیبرانییـەکان ١: ١- ٣).

یـەزدان لـە ڕێگـەی بەڵێنـی زارەکـی و سـوێند و پەیمانـەوە گەلەکـەی کـۆ دەکاتـەوە. دواتـر لـە چیرۆکـی کتێبـی پیـرۆزدا بۆمـان دەردەکەوێـت کـە پەیمانـەکان بـۆ ئەوەیـە حوکـم و فەرمانڕەوایـی پاشـایانەی خـودا دابمەزرێنێـت و فراوانـی بـکات. بـەڵام لەگـەڵ دەسـتپێکی چیرۆکـی کتێبـی پیـرۆزدا، هەمـوو شـتێک لـە جیهانـی پاشـادا جـوان و ناوازەیـە.

---

٦ Sealed with an Oath: Covenant in God's Unfolding Purpose, New Studies in Biblical Theology (Downers Grove, IL: Intervarsity Press, 2007), 43

پاشا نەفرەت دەکات

چیرۆکی کتێبی پیرۆز بە چیرۆکێکی شاد دەست پێدەکات. بەڵام ئاسوودەیی و ئارامیی (پەیدابوون ١ – ٢) لە (پەیدابوون ٣)دا بوونی نەما. ئادەم شکستی هێنا و نەیتوانی پاسەوانی لە شوێن و گەلی خودا بکات و بیانپارێزێت. ئادەم و حەوا لە جێگەی ئەوەی کە گوێ لە دەنگی باشی بەدیهێنەر و پاشاکەیان بگرن، گێلانە گوێیان لە دەنگی پڕ لە فێڵ و تەڵەکەی بەدیهێنراوێک گرت. بۆ یەکەم جار ئاشنای بەدکار، مار، ئەوەی کە دواتر بە شەیتان، ئیبلیس، خراپەکار و هەڵخەڵەتێنەر دەناسرێت. مارەکە حەوای هەڵخەڵەتاند. لێی پرسی: «ئایا ڕاستە خودا فەرموویەتی: بۆتان نییە لە هیچ درەختێکی باخچەکە بخۆن؟» (پەیدابوون ٣: ١).

هەتا ئەم خاڵە لە چیرۆکەکەدا، تەنها خودای دانا بڕیاری لەسەر ئەوە دەدا کە چ شتێک بۆ بەدیهێنراوەکانی باشە (پەیدابوون ١: ٤، ١٠، ١٢، ٢١، ٢٥، ٣١، ٢: ١٧-١٨). بەڵام مارەکە حەوای هەڵخەڵەتاند بە نکۆڵی کردن لە وشە و گومان کردن لە باشی و چاکیی خودا. شەیتان تووشی ڕاڕایی کرد و بەو هۆیەوە حەوا لە دژی پاشا باش و داناکەی وەستایەوە:

«کاتێک ئافرەتەکە بینی بەری دارەکە بۆ خواردن باش بوو، چاو ئارەزووی دەکرد و وات لێ دەکات دانا بێت، لە بەرەکەی کردەوە و خواردی، دایە مێردەکەشی کە لەگەڵی بوو، ئەویش خواردی.» (پەیدابوون ٣: ٦)

ئادەم و حەوا لە جێگەی ئەوەی کە دانایانە گوێ لە وشە باشەکانی پاشا چاکەکەیان بگرن، لە دژیی وەستانەوە و گوێیان لە دەنگی مارەکە گرت.

ئامۆژگاری سەبارەت بە وتاردان و فێرکردن

نەفرەتەکەی سەر گەردون لە (پەیدابوون ٣) بەستەوە بە نەوەی حەوا کە سەری مارەکە پان دەکاتەوە، ئەوەی کە لە ڕێگەی بوون بە نەفرەتەوە، ئێمە لە نەفرەت ڕزگار دەکات (گەلاتیا ٣: ١٣)، وە بەهۆی ئەوەوە «خودی بەدیهێنراو لە کۆیلایەتی گەندەڵی ئازاد دەکرێت تاکو هاوبەش بێت لە سەربەستی شکۆمەندی منداڵانی خودا» (ڕۆما ٨: ٢١).

دەکرێت بە ئاسانی وتارێک لەبارەی (پەیدابوون ٣)ەوە بدەیت و تیشک بخەیتە سەر ڕووبەڕووبوونەوەی ڕاڕایی و تاقیکردنەوە و بڵێیت: «ئادەم تاقیکرایەوە و شکستی خوارد. چۆن دەتوانین تووشی ڕاڕایی بین و وەکو ئادەم شکست نەخۆین؟» بەڵام ڕاستییەکە ئەوەیە کە بەپێی (ڕۆما ٥)، ئێمە بەهۆی ئادەمەوە شکستمان خواردووە. ئەو نوێنەری پەیمان بوو و شکستی خوارد، ئێمە بەهۆی ئەوەوە گوناهبارین. ئێمە پێویستیمان بە ئادەمێکی دڵسۆزە، ئادەمێک کە تاقی کرایەوە و سەلماندی کە کوڕێکی دڵسۆزە. بێگومان عیسای مەسیح ئەو کوڕە دڵسۆزەیە (لۆقا ٤: ١- ١٣).

دەرەنجامی گوناهەکەی ئادەم و حەوا کارەساتبار بوو. لۆمە و سەرزەنشتکردنی کەسانی دیکە، هەر زوو خۆی دەرخست: «ئەو ئافرەتەی پێت دام لەگەڵم بێت، ئەو لە بەری ئەو دارەی پێدام، منیش خواردم» (پەیدابوون ٣: ١٢). نەفرەتەکە وێنەی ناکۆکی نێوان ژن و پیاومان نیشان دەدات. بەرهەمە تاڵەکانی یاخیبوونە گەردونییەکەیان، مردن و حوکمدان و ئاوارەبوون لەخۆ دەگرێت. بەهۆی ئەو یاخیبوونەیانەوە، خودا لە جیاتی بەرەکەت، نەفرەتی بەسەریاندا باراند (پەیدابوون ٣: ١٤- ١٩). بەڵام تەنانەت لەو ڕۆژە تاریک و ڕەشەشدا، تیشکی ئومێدی داهاتوو بەدی دەکرا. یەزدان بەڵێنی دا کە ڕۆژێک نەوەی حەوا مارەکە لەناو دەبات. یەزدان فەرمووی:

«دوژمنایەتیش دەخەمە نێوان تۆ و ئافرەتەکە، نێوان نەوەی تۆ و نەوەی ئەوەوە. نەوەی ئەو سەرت پان دەکاتەوە و تۆش پاژنەی پێی دەکوتیت.» (پەیدابوون ٣: ١٥)

ئەم شەڕەی نێوان مارەکە و نەوەی حەوا هەتا کۆتایی چیرۆکی کتێبی پیرۆز بەردەوام دەبێت. ئادەم و حەوا بەهۆی یاخیبوونیانەوە لە باخچەی عەدەن دەرکران و ڕاپێچی ڕۆژهەڵات کران و لە خزمەت پاشا دوور کەوتنەوە. ژیان لەژێر نەفرەتدا ئەو جۆرە نەبوو کە ژیان لە جیهانی باش و چاکی خودادا پلان و بەرنامەی بۆ داڕێژرابوو.

پاشا حوکم دەدات

بەداخەوە ژیان لە ڕۆژهەڵاتی باخچەی عەدەن لە خراپەوە بەرەو خراپتر ڕۆیشت. لەگەڵ هاتنی گوناه بۆ نێو جیهان، زۆر شتی خراپ لە جیهانی باشی پاشادا ڕوویدا. لە دوای چەند بەشێک لە بەدیهێنانەوە، نووسراوە: «یەزدان بینی کە خراپەکاری مرۆڤ لەسەر زەوی زۆر بووە، هەروەها هەموو بیروبۆچوونەکانی دڵیشی بە درێژایی ڕۆژ تەنها لەلای خراپەیە» (پەیدابوون ٦: ٥). حەز و ئارەزووی دڵی مرۆڤ چیتر نایەوێت ڕێز لە خودا بگرێت؛ بەڵکو ژن و پیاو حەزیان لە خراپەکارییە و دڵیان «بە درێژایی ڕۆژ تەنها لەلای خراپەیە.»

بەڵام پیاوێک بە ناوی نوح، جێگەی ڕەزامەندی خودا بوو (پەیدابوون ٦: ٨). خودا بڕیاری دا کە لە ڕێگەی لافاوێکەوە جیهان حوکم بدات بەڵام بەزەیی بە نوح و خێزانەکەیدا بێتەوە (پەیدابوون ٦ـ ٨). لە ڕێگەی یەک کەسەوە، گەلێک ڕزگاری بوو. لە دوای ئەوە خودا پەیمانێکی لەگەڵ نوح بەست و بەڵێنی دا کە هەرگیز جارێکی دیکە جیهان بەو شێوەیە وێران ناکاتەوە. یەزدان فەرمووی: «من پەیمانی خۆم لەگەڵ ئێوە دەچەسپێنم، هەرگیز جارێکی دیکە، هەموو گیانلەبەران بە ئاوی لافاو لەناو ناچن، هەرگیز جارێکی دیکە لافاو وا نابێت زەوی بە تەواوی وێران بکات» (پەیدابوون ٩: ١١).

بەڵام تەنانەت لەدوای لافاوەکەش، یاخیبوونی جیهان لە دژی پاشا بەردەوام بوو و کێشەی دڵی مرۆڤ وەکو خۆی مایەوە. لە جێگەی ئەوەی کە خەڵکی ڕێز لە ناوی پاشا بگرن و شکۆداری بکەن و کارەکانیان ڕەنگدانەوەی ناوی ئەو بێت، هەوڵیان دا کە ناوێک بۆ خۆیان دروست بکەن (پەیدابوون ١١: ٤). هەر بۆیە خودا پەرش و بڵاوی کردنەوە، چونکە پلان و بەرنامەی دیکەی هەبوو. ناوی خۆی بە هەموو جیهان دەناسێنیت، ئەو کارەش لە ڕێگەی ئیبراهیمەوە دەکات.

ئامۆژگاری سەبارەت بە وتاردان و فێرکردن

تەنانەت خودا لە کاتی حوکمدانیشدا، سۆز و میهرەبانی نیشان دەدات. چیرۆکی ڕزگارکردنی نوح و خێزانەکەی لە چنگی لافاو، بە ڕوونی فێرمان دەکات کە خودا

ئەو کەسانە ڕزگار دەکات کەوا متمانەی پێ دەکەن، تەنانەت ئەگەر ژمارەشیان کەم بێت (یەکەم پەترۆس ٣: ٢٠؛ دووەم پەترۆس ٢: ٥). خودا بەجێماوەکانی گەلەکەی ڕزگار دەکات، تەنانەت ئەگەر وا دەربکەوێت کە هەمووان پشتیان تێکردووە (ڕۆما ١١: ٢- ٦).

پاشا بەرەکەتدار دەکات

وا دیاربوو پلانی خودا بۆ فراوانکردنی شانشینەکەی بە تەواوی جیهاندا لە لایەن مارەکە و گوناهەوە ڕێگری لێکرا. لەگەڵ ئەوەشدا، پاشا نەک تەنها حوکمی نەدان، بەڵکو بەرەکەتداری کردن. یەزدان کەسێکی لە خاکی ئوری کلدانییەوە بانگ کرد کە ناوی ئەبرام بوو (دواتر بە ئیبراهیم دەناسرێت). خودا بەڵێنی دا کە ناوی ئەم پیاوە مەزن بکات و لە ڕێگەی ئەو و نەوەکانیەوە جیهان بەرەکەتدار بکات. خودا پلانی دانا کە لە ڕێگەی ئیبراهیمەوە گەل و نەتەوەیەک پێکبهێنێت، نەتەوەیەکی نائاسایی و پیرۆز. بەو شێوەیە خودا پلانی دانا کە جیهان لە ڕێگەی نەوەی ئیبراهیمەوە بەرەکەتدار بکات.

«دەتکەمە نەتەوەیەکی مەزن، بەرەکەتدارت دەکەم، ناوت مەزن دەکەم، دەبیتە بەرەکەت. ئەوانەی داوای بەرەکەتت بۆ دەکەن بەرەکەتداریان دەکەم، نەفرەتیش لە نەفرەتکارانت دەکەم. هەموو نەتەوەکانی سەر زەویش لە ڕێگەی تۆوە بەرەکەتدار دەبن.» (پەیدابوون ١٢: ٢- ٣)

یەزدان فەرمووی کە تەنانەت چەندین پاشاش لە خێزانی ئیبراهیمەوە سەرهەڵدەدەن (پەیدابوون ١٧: ٦، ١٦). خودا بەڵێنی دا کە ئیبراهیم و خێزانەکەی بەرەکەتدار دەکات و فەرمانڕەوایی و پاشایەتییان پێ دەبەخشێت. ئەم بەڵێنانەی لە ڕێگەی پەیمانێکی دیکەوە مۆر کرد (پەیدابوون ١٥).

بەڵام کێشەیەکی ڕوون و ئاشکرا لە هەموو ئەمانەدا هەبوو: ئیبراهیم پیر بوو، سارایی خێزانی (کە دواتر بە سارا بانگ دەکرێت)، نەزۆک بوو. بەپێی بیروبۆچوونی مرۆیی، نەدەکرا و مەحاڵ بوو کە ئیبراهیم ببێتە خاوەنی کوڕێک. بەڵام ئیبراهیم باوەڕی کرد و ئەوەی بە ڕاستودروستی بۆ دانرا (پەیدابوون ١٥: ٦).

خودا بەڵێنەکەی خۆی پاراست و بە پەرجوو سارا و ئیبراهیمی بەتەمەن

بوونە خاوەنی منداڵێک. لەم خاڵە بەولاوە لە پەیمانی کۆندا، باقیی چیرۆکەکە تیشک دەخاتە سەر خێزانی ئیبراهیم: ئیسحاق (پەیدابوون ٢٢: ١٧- ١٨)، یاقوب (پەیدابوون ٣٥: ١١) و دوازدە کوڕەکەی یاقوب (پەیدابوون ٤٩). هەرچەندە سیپارەی پەیمانی کۆن بە خێزانی ئیبراهیم لە دەرەوەی خاکی بەڵێندراو کۆتایی پێدێت، بەڵام داهاتوویەکی پرشنگداریان دەبێت. یاقوب، کە نەوەی گەورەی ئیبراهیم بوو و بە ئیسرائیل ناسرابوو، پێشبینی ئەوەی کرد کە لە ڕۆژانی کۆتاییدا «شێرێکی پاشا» لە نەوەی یەهودای کوڕیەوە دێت. لەبارەی ئەم پاشایەوە گوتی:

«داردەستەکە لە یەهودا دانابڕێت، گۆچانی فەرمانکردنیش لەنێوان قاچەکانی، هەتا ئەو کەسە دێت کە خاوەنیەتی، گەلان هەر بۆ ئەو ملکەچ دەبن.» (پەیدابوون ٤٩: ١٠)

ئایا ئەم پاشایەی داهاتوو ئەو کەسە دەبێت کە مارەکە پان دەکاتەوە و بەرەکەتی خودا بۆ جیهان دەگەڕێنێتەوە و بۆ شکۆی خودا حوکم و فەرمانڕەوایی گەلێک دەکات؟

ئامۆژگاری سەبارەت بە وتاردان و فێرکردن

کاتێک کە وتار و فێرکردن سەبارەت بە (پەیدابوون ١٢) پێشکەش دەکەیت، تیشک بخەرە سەر پلانی ڕزگاریی خودا بۆ هەموو جیهان، بۆ هەموو گەلان لە ڕێگەی باوەڕ بە عیسای مەسیحەوە. ویست و خواستی دڵی خودا بۆ بەرەکەتدارکردنی «هەموو نەتەوە و گەلان» لە ئەرکە گرنگەکەی «مەتا ٢٨»ەوە سەریهەڵنەدا، بەڵکو پلانی خودا هەر لە سەرەتاوە ئەوە بوو کە جیهان بەرەکەتدا بکات و ئادەم و حەوا بەردار بن و جیهان پڕ بکەن لە هەڵگرانی وێنەی خودا کە شکۆ و مەزنی خودا دەردەخەن. وە لە ڕێگەی ئیبراهیم و لە ئیبراهیمدا، خودا ناوێک بۆ خۆی دروست دەکات، وە ئیبراهیم دەبێتە باوکی هەموو ئەوانەی کە باوەڕ دەهێنن (گەلاتیا ٣: ٧- ٩). خودا ئەم بەڵێنەی بە یاقوبی نەوەی ئیبراهیم دا: «نەتەوەیەک و کۆمەڵێک نەتەوە لە تۆوە دەبن، پاشایانیش لە پشتی تۆوە دەردەچن» (پەیدابوون ٣٥: ١١). خودا لە ڕێگەی عیسای مەسیحەوە کە لە نەوەی ئیبراهیمە، بە تەواوی بەڵێنەکان جێبەجێ دەکات (گەلاتیا ٣: ١٦).

پاشا ڕزگار دەکات

خودا بەڵێنی دابوو کە ئیبراهیم و خێزانەکەی بەرەکەتدار بکات و ژمارەیان لە ئەستێرەکانی ئاسمان زیاتر بکات. ئەم بەڵێنە ئەو کاتە دەستی کرد بە جێبەجێبوون کاتێک کە ژمارەی گەلی ئیسرائیل لە میسردا زیادی کرد: «نەوەی ئیسرائیل بەردار بوون، زۆر زیاد بوون و زۆر و توانادارتر بوون، خاکەکە پڕ بوو لەوان» (دەرچوون ١: ٧). بەڵام هەر وەکو عەدەن، پلانی خودا دژایەتی کرا. گەلی ئیسرائیل لە لایەن فیرعەونە کرایە کۆیلە و لەژێر دەستی پاشایەکدا ئازار و ناخۆشییەکی زۆریان چەشت (دەرچوون ١- ٢). گەلی خودا هاواریان بۆ پاشا ڕاستەقینەکەیان هێنا تاکو لە کۆت و بەند ڕزگاریان بکات - وە خودا «پەیمانەکەی» لەگەڵ ئیبراهیم لە یاد بوو (دەرچوون ٢: ٢٣- ٢٤).

ئامۆژگاری سەبارەت بە وتاردان و فێرکردن

دەرچوونی گەلی ئیسرائیل لە کۆت و بەندی میسرییەکان ئاماژە بە دەرچوونێکی مەزنتری گەلی خودا دەکات لە ڕێگەی خاچی مەسیحەوە (کۆلۆسی ١: ١٢- ١٤). بەرخی پەسخە ئاماژەیە بۆ بەرخی بێ لەکە و تەواویی خودا کە گوناهی جیهان لادەبات (یۆحەنا ١: ٢٩). قەشە (تیم کێلەر) دەڵێت:

بیهێنە پێش چاوی خۆت کە لەدوای یەکەم خواردنی پەسخە لە میسردایت. ئەگەر ئیسرائیلییەکانت ڕابوەستاندبا و پێت بگوتبان: «ئێوە کێن و لێرەدا چی ڕوودەدات؟» ئەوا دەیانگوت: «من کۆیلە بووم و حوکمی مردنم بەسەردا درابوو، بەڵام پەنام بۆ خوێنی بەرخەکە برد و لە کۆت و بەندی کۆیلایەتی ڕزگارم بوو، وە ئێستا خودا لەنێوان ئێمەدا دەژی و ئێمە بۆ خاکی بەڵێندراو شوێنی دەکەوین.» ئەمە ڕێک ئەو شتەیە کە ئەمڕۆ باوەڕداران دەیڵێن.[٧]

بۆیە یەزدان بۆ موسا دەرکەوت (دەرچوون ٣) و بەرزی کردەوە کە ببێتە ڕزگارکاری گەلی ئیسرائیل. بەو شێوەیە یەزدان لە ڕێگەی موسا و بە دەستی

---

٧ Timothy Keller, King's Cross the Story of the World in the Life of Jesus (New York: Dutton, 2011), 172.

پڕ هێـز و توانـای خـۆی و خوێنـی بەرخـە بـێ ئەکـە و تەواوەکـە (دەرچـوون ١٢)، گەلەکـەی لـە میـسر ڕزگار کـرد. ڕزگارکردنـی ئیسرائیلییـەکان لـە دەریـای سـوور بـووە هـۆی ئـەوەی کـە هەمـوو خەڵکـی ئاهەنگـی ڕزگاربوونیـان بگێـڕن (دەرچـوون ١٤). وەکـو کاردانەوەیـە لـە هەمبـەر ئـەو کارە ڕزگارییـە مەزنـە، موسـا لەگـەڵ گەلـدا گۆرانییەکیـان بـۆ ستایشـکردن پاشـا مەزنەکەیـان گـوت:

«ئـەی یـەزدان، کـێ لەنێـو خوداوەنـدەکان وەک تۆیـە؟ کـێ وەک تـۆ پایەبـەرزە لـە پیـرۆزی، سـامناک لـە شـکۆمەندی، دروسـتکەری کاری سەرسـوڕهێنەر؟ یـەزدان پاشـایەتی دەکات بـۆ هەتاهەتایـە.» (دەرچـوون ١٥: ١١، ١٨).

ڕزگارکردنـی گەلـی خـودا لـە کـۆت و بەنـدی میسرییـەکان، بـە هەمـوو جیهـان نیشـان دەدات کـە هیـچ کەسـێك وەکـو یـەزدان نییـە. ئـەو پاشـایە و بـۆ هەتاهەتایـە حوکـم و فەرمانڕەوایەتیـی دەکات.

پاشا فەرمان دەدات

دوای ئـەوەی کـە خـودا گەلـی ئیسرائیلی لـە میـسر ڕزگار کـرد، بەو جـۆرەی کـە بەڵێنـی دابـوو ئەوانـی هێنایـە کێـوی سـینا. کاتێـک کـە یـەزدان خـۆی بـۆ موسـا دەرخسـت، فەرمـووی: «مـن لەگەڵـت دەبـم، ئەمـەش دەبێتـە نیشـانە بـۆت کـە مـن تـۆم نـاردووە، کاتێـک گـەل لـە میـسرەوە دەردەهێنیـت، ئێـوە لەسـەر ئـەم کێـوە خـودا دەپەرسـتن» (دەرچـوون ٣: ١٢). پێـش ئـەوەی کـە خـودا بیانباتـە خاکـە باشـەکە کـە کاتـی خـۆی بەڵێنـی بـە ئیبراهیـم دابـوو، وشـە باشـەکانی بـۆ گەلەکـەی لـە کێـوی سـینا ئاشـکرا کـرد.

ئیسرائیـل، کـە خـودا بـە کـوڕە نۆبـەرەی خـۆی نـاوزەدی دەکات (دەرچـوون ٤: ٢٢)، دەبنـە جۆرێـک لـە نوێنـەری کاهینیەتـی هەمـوو جیهـان، ڕێـك وەکـو ئـادەم. سـەرنجی ئـەوە بـدە کـە یـەزدان پێـی فەرمـوون: «ئەگـەر ئێـوە بـە تـەواوی گوێـم لـێ بگـرن و پەیمانەکـەم بپارێـزن، ئـەوا گەنجینەیەکـی تایبـەت دەبـن بـۆ مـن لەنێـو هەمـوو گەلان. هەرچەنـدە هەمـوو زەوی هـی منـە، بـەڵام ئێـوە بـۆم دەبنـە پاشـایەتی کاهینـان و نەتەوەیەکـی پیـرۆز.» (دەرچـوون ١٩: ٤- ٦). خـودا دەیویسـت کـە پیرۆزبوونـی ئیسرائیـل ڕەنگدانـەوەی پیرۆزبوونـی پاشـاکەیان بێـت: «دەبێـت پیـرۆز بـن، چونکـە

من پیرۆزم، یەزدانی پەروەردگارتانم» (لێڤییەکان ١٩: ٢). ئەگەر گەلی ئیسرائیل متمانە بە وشە باشەکانی یەزدان بکات و گوێڕایەڵی بن، ئەوا دەبنە گەلێکی بێ هاوتا کە دانایی پاشاکەیان بە هەموو خەڵکی جیهان نیشان دەدەن. گەلی ئیسرائیل بە ئەنجامدان و پاراستنی فەرمان و ڕاسپاردەکانی پاشا، دانایی خودا بۆ جیهان دەردەخەن (دواوتار ٤: ٤- ٦).

بەڵام ئیسرائیلیش وەکو ئادەم نیشانی دا کە کوڕێکی بێ باوەڕە و سەرپێچی وشە باشەکانی خودا دەکات. تەنانەت کاتێک کە موسا لەسەر کێوی سینا سەرقاڵی سروش و وەحی خودایی بوو، گەلی ئیسرائیل لە خوارەوە خەریکی دروستکردنی بت و پەیکەر بوون (دەرچوون ٣٢). پاشا پەیمانێکی لەگەڵ گەلەکەی بەست، بەڵام ئەوان پێشێلیان کرد.

موسا پەرۆشی ئامادەبوونی ڕووی خودا بوو بۆ ئەوەی لەگەڵ گەلی ئیسرائیلدا بڕواتە نێو خاکی بەڵێندراوەوە، بۆیە نێوانگری بۆ گەل کرد (دەرچوون ٣٤). خودا بەڵێنی دا کە ئامادەیی ئەو لە ئیسرائیل جودا نابێتەوە، بەڵام حوکمی ئەم نەوە خراپەکارە دەدات. بەو هۆیەوە چل ساڵ لە چۆڵەوانیدا مانەوە، هەتا توانیان پێ بخەنە نێو ئەو خاکەی کە بەڵێنیان پێدرابوو.

بە درێژایی ئەو ماوەیەی کە گەلی خودا لە چۆڵەوانیدا بوون، پاشا لەنێویان لەنێو چادری چاوپێکەوتن بوو و بەوپەڕی پشوودرێژییەوە هەنگاو بە هەنگاو ڕێنمایی دەکردن. بەڵام دیسان گەلی ئیسرائیل، بە پێچەوانەی ئیبراهیمەوە ڕەتیان کردەوە کە بە باوەڕەوە هەڵسوکەوت بکەن (سەرژمێری ١٤: ١١؛ دواوتار ١: ٣٢؛ ٩: ٢٣؛ زەبوورەکان ٩٥). بە ڕادەیەک کە موسا لە کۆتایی ژیانیدا دڵنیا نەبوو لەوەی کە گەلی ئیسرائیل لەدوای ئەو گوێڕایەڵی یەزدان دەبن (دواوتار ٣١: ٢٩).

هەتا ئەم خاڵەی چیرۆکەکە، دەردەکەوێت کە ئەوە کێشەی دڵە کە هۆکاری هێنانی بەڵا و ناخۆشییە بۆ سەر مرۆڤایەتی، کە هەر لە کاتی یاخیبوونی ئادەمەوە ماوەتەوە (دواوتار ٣١: ٢٠- ٢١). هەروەها ئەوەش ڕوونە کە ئەگەر بڕیار بێت ڕۆژێک لە ڕۆژان هەر شتێک بگۆڕدرێت، دەبێت کەفارە بۆ بێباوەڕیی گەلی خودا بدرێت و پێویستە دڵیان بگۆڕدرێت.

بەڵام چۆن؟ ئومێدی ئەم گۆڕینە لە داهاتوودایە. قوربانییە بەردەوامەکانی کەفارەت کە خودا لە کێوی سینا فەرمانی دابوو، ئاماژە بە پێویستی کۆتا قوربانی لە داهاتوودا دەکات. تەنانەت موسا بە تامەزرۆییەوە چاوەڕێی ئەو ڕۆژە دەکات کە پاشا دڵی گەلەکەی خەتەنە دەکات (دواوتار ٣٠: ٦)، کاتێک کە ڕۆحی خودا دێتە سەر هەموویان (سەرژمێری ١١: ٢٩).

ئامۆژگاری سەبارەت بە وتاردان و فێرکردن

ئەو شکڵ و شێوازی قوربانییەی کە لە شەریعەتی موسادا ئاماژەی پێ کراوە، ڕێگایەک لەنێو چیرۆکی کتێبی پیرۆزدا دەکاتەوە کە دەمانگەیەنێت بە عیسا، ئەو قوربانییە بێ گوناهەی کە بووە کەفارەتی گوناهەکانی خەڵکی (ڕۆما ٣: ٢٥؛ عیبرانییەکان ٢: ١٧؛ یەکەم یۆحەنا ٢: ٢؛ ٤: ١٠).

کاتێک کە لەسەر ئەو دەقانە فێرکردن و وتار پێشکەش دەکەیت کە بەوردی باسی چادری چاوپێکەوتنیان کردووە (دەرچوون ٢٥)، پەیوەندییەک لەگەڵ بەشەکانی دیکەی کتێبی پیرۆز دروست بکە کە باسی نیشتەجێبوونی خودا لەگەڵ گەلەکەی دەکەن و هەوڵ بدە کە عیسا ناوەند و چەقی پەیوەندییەکە بێت. ئەم بابەتە تەواوی چیرۆکی کتێبی پیرۆز دەگرێتەوە، کە لە عەدەنەوە دەست پێدەکات. بابەتە سەرەکییەکە لە چادری پەرستنەوە دەستپێدەکات و دواتر دەڕوات بۆ پەرستگای ئۆرشەلیم، ئینجا بۆ خودی خودا کە لەنێو گەلەکەیدا «نیشتەجێ بوو» بەهۆی مەسیحەوە کە وشەی هەتاهەتاییە و جەستەی پۆشی (یۆحەنا ١: ١٤).

بەهۆی مەسیحەوە، کڵێسا بوو بە پەرستگای نوێی خودا (یەکەم کۆرنسۆس ٣: ١٦- ١٧؛ دووەم کۆرنسۆس ٦: ١٦؛ یەکەم پەترۆس ٢: ٤- ٥). ڕۆژێک دێت کە خودا لە ئۆرشەلیمی نوێدا لەگەڵ گەلەکەیدا نیشتەجێ دەبێت (ئاشکراکردن ٢١- ٢٢). شوێنی هەرە پیرۆز، کە ژورێکی چوارگۆشەییە لە پەرستگادا، ڕێگە بۆ شارێك خۆش دەکات کە لە شێوەی چوارگۆشەدایە (ئاشکراکردن ٢١: ١٦). بە جۆرێک لە جۆرەکان تەواوی شارەکە هەرە پیرۆز دەبێت و بۆ هەموو گەلی خودا کراوە دەبێت، «چونکەیەزدانی پەروەردگاری هەرە بە توانا لەگەڵ بەرخەکە پەرستگای ئەون» (ئاشکراکردن ٢١: ٢٢).

پاشا ڕێنوێنی دەکات

دوای ئەوەی کە گەلی ئیسرائیل بۆ ماوەی چل ساڵ لە چۆڵەوانی مانەوە، لە کۆتاییدا خودا لە ڕێگەی یەشوعی خزمەتکاریەوە ڕێنوێنی کردن و بەرەو خاکی بەڵێندراوی بردن (پەیدابوون ١٣: ١٥؛ دەرچوون ٣: ٨). یەزدان بە یەشوعی فەرموو: «ئێستا هەستە، خۆت و هەموو ئەم گەلە لە ڕووباری ئوردونەوە بپەڕنەوە بۆ ئەو خاکەی پێیان دەدەم، واتە بە نەوەی ئیسرائیل. هەر شوێنێک پێی لێ بنێن، بە ئێوەی دەدەم، هەروەک بە موسام فەرموو» (یەشوع ١: ٢- ٣). خودا بە گەلەکەی نیشان دا کە ئەو پاشایەکی باوەڕپێکراوە:

«جا یەزدان هەموو ئەو زەوییەی دایە نەوەی ئیسرائیل کە سوێندی خواردبوو بیداتە باوباپیرانیان، ئەوانیش دەستیان بەسەردا گرت و تێیدا نیشتەجێ بوون ... هیچ بەڵێنێک لە هەموو ئەو بەڵێنە چاکانەی یەزدان بە بنەماڵەی ئیسرائیلی فەرمووبوو نەشکاوە، بەڵکو هەمووی هاتە دی.» (یەشوع ٢١: ٤٣- ٤٥)

بەو جۆرەی کە لە سیپارەی ئیشایادا هاتووە، بەڕوونی دەبینین کە هەر چەندە گەلی ئیسرائیل لە خاکی بەڵێندراودا بوون، بەڵام هێشتا دڵیان لە جیهاندا مابووەوە. بە درێژایی داگیرکردنی کەنعان، مەترسی حوکمدان و ڕاپێچکردن هەڕەشەیان لە ئیسرائیل دەکرد. گەلی خودا دەیانزانی کە ئەگەر پەیمانی خودا پێشێل بکەن، ئەوا سزا دەدرێن.

دوای ئەوەی کە یەشوع مرد، لە جێگەی ئەوەی کە ئیسرائیل ئاگادارییەکانی یەشوع بپارێزن و گوێڕایەڵی وشەی خودا بن، ئەو کارەیان کرد بە لای خۆیانەوە دروست بوو - بەو شێوەی خراپەکاری پەرەی سەند. نووسەری سیپارەی دادوەران بەم شێوەیە باسی ئەم کێشەیە دەکات:

«ئیتر نەوەی ئیسرائیل لەبەرچاوی یەزدان خراپەکارییان کرد و بەعلەکانیان پەرست. وازیان لە یەزدانی پەروەردگاری باوباپیرانیان هێنا، ئەوەی کە لە خاکی میسر دەریهێنان و دوای خوداوەندە جۆراوجۆرەکانی گەلانی دەوروبەریان کەوتن و کڕنۆشیان بۆ بردن، چونکە وازیان لێ هێنا و بەعل و عەشتۆرەتەکانیان پەرست.» (دادوەران ٢: ١١- ١٣)

هـەر چەنـدە ئیسرائیلییـەکان دەیانزانـی کـە خـودا پاشـایانە، بـەڵام ڕەتیـان کـردەوە و ئەمانیـش وەکـو نەتـەوە و گەلانـی دەوروبەریـان داوای پاشـایان کـرد (دادوەران ١٧: ٦؛ ١٨: ١؛ ١٩: ١؛ ٢١: ٢٥). جێگـەی سەرسـامی نییـە کـە هەڵبژێـردراوی گـەل، شـاول جێگـەی پەسـەندی خـودا نەبـوو. یـەزدان پاشـایەکی دەویسـت کـە بـە دڵـی خـۆی بێـت (یەکـەم سـاموئێل ١٣: ١٤؛ کـرداری نێـردراوان ١٣: ٢٢)، بۆیـە کەسـێکی لـە نـەوەی یەهـودا هەڵبـژارد (پێشـبینییەکەی یاقوبتـان لـە پەیدابـوون ٤٩: ٩- ١٢ بیـر نەچێـت). نـاوی ئـەو پاشـایە داودی کـوڕی یەسـا بـوو.

ئامۆژگاری سەبارەت بە وتاردان و فێرکردن

لـە جێگـەی ئـەوەی کـە وتـار لەبـارەی «پێویسـتە ئێمـەش وەکـو یەشـوع بەهێـز و بوێـر بیـن» پێشـکەش بکەیـت، تیشـک بخـەرە سـەر خـودا وەفادارەکـەی یەشـوع. یەشـوع واتـە «یەهـوە ڕزگار دەکات!» تەنهـا بەهـۆی نیعمـەت و هێـزی سەرسامکەری خـوداوە، گەلـی ئیسرائیـل توانیـان بڕۆنـە نێـو خاکـی بەڵێنـدراوەوە (یەشـوع ١- ٥)، دەسـتی بەسـەدا بگـرن (یەشـوع ٦- ١٢)، دابەشـی بکـەن (یەشـوع ١٣- ٢١)، وە لـە خاکەکـەدا خزمـەت بکـەن (یەشـوع ٢٢- ٢٤). هەمـوو ئـەم کارانـە دڵسـۆزی و ڕاستگۆیی خـودا بەرامبـەر بەڵێنەکانی نێـو پەیمانەکـەی دەردەخـات. خـودا پاڵەوانـی ئـەم کتێبەیـە، نـەک یەشـوع.

پاشا فەرمانڕەوایی دەکات

یـەزدان پەیمانێکـی لەگـەڵ داود بەسـت، کـە دەیویسـت ماڵێـک بۆ یـەزدان بنیـات بنێت، ئـەو ئەرکـەی کـە لـە کۆتاییـدا سـلێمانی کـوڕی جێبەجێـی دەکات. جێگـەی سەرسـامییە کـە خـودا بەڵێنـی بنیاتنانـی ماڵێـک بـە داود دەدات؛ بەڵێنی دروسـتکردنی شانشـینێک:

«یـەزدان پێـت ڕادەگەیەنێـت کـە یـەزدان خـۆی بنەماڵەکـەت جێگیـر دەکات. کاتێک ژیانـت تـەواو دەبێـت و دەچیتـە پـاڵ باوباپیرانـت، مـن وەچەکـەت دادەمەزرێنـم، ئـەوەی لـەدوای خـۆت لـە پشـتی تـۆوە دێـت، پاشـایەتییەکەی جێگیـر دەکـەم. ئـەو ماڵێـک بـۆ نـاوی مـن بنیاد دەنێت و منیش بـۆ هەتاهەتایـە تەختی پاشایەتییەکەی جێگیـر دەکـەم.» (دووەم سـاموئێل ٧: ١١- ١٣)

خـودا دەیویسـت کـە فەرمانڕەوایـی داود وەکـو پاشـای ئیسرائیـل بـە هەمـوو جیهـان نیشـان بـدات کـە حوکمـی خـودا چەنـدە ژیرانـە و سەرسـوڕهێنەرە. ئومێـدی حوکمڕانییەکـی ڕاستودروسـتی پاشـایەتیی هەتاهەتایـی لەسـەر تەختێکـی هەتاهەتایـی پەیوەنـدی هەیـە بـە داود و نەوەکانیـەوە. دەنگـی ئـەم بەڵێنـە جوانانـە کـە بـە داود دراون و پـڕن لـە ئومێـد و هیـوا لـە باقیـی پەیمانـی کۆنـدا دەنـگ دەداتـەوە. خـودا داود و گەلـی ئیسرائیلـی بـێ ئەنـدازە بەرەکەتـدار کـرد (یەکـەم پوختـەی مێـژوو ٢٩). پاشـا چـۆن بـڕوات، پاشـایەتیش بـە هەمـان شـێوە دەڕوات.

سـلێمانی کـوڕی داود لـەدوای باوکـی بـووە پاشـای ئیسرائیـل وە ماڵێکـی زۆر مـەزن و تایبەتـی بـۆ خـودا بنیـات نـا کـە ئەویـش پەرسـتگای ئۆرشـەلیم بـوو. جارێکـی دیکـە، خـودا ئامادەیـی شـکۆداری خـۆی لەنێـو گەلەکەیـدا دەرخسـت. ئەمـە وای کـرد کـە سـلێمان بڵێـت: «بـەڵام ئایـا بەڕاسـتی خـودا لەسـەر زەوی نیشـتەجێ دەبێـت؟ ئەوەتـا ئاسـمان و ئاسـمانی ئاسـمانەکان جێـی تۆیـان تێـدا نابێتـەوە، ئیـتر چـۆن ئـەم پەرسـتگایە کـە مـن بنیـادم نـاوە!» (یەکـەم پاشـایان ٨: ٢٧). پەرسـتگا تەواوبووەکـە شـکۆدار بـوو (زەبـوورەکان ٤٨: ١- ٣، ٩- ١١)، وە ناوبانـگ و مـاڵ و سـامانێکی زۆری هەبـوو (یەکـەم پاشـایان ١٠). «سـلێمان گەورەتریـن پاشـا بـوو لەنێـو پاشـاکانی سـەر زەوی چ لـە دەوڵەمەنـدی و چ لـە دانایـی» (یەکـەم پاشـایان ١٠: ٢٣- ٢٤).

ئـەو بەڵێنانـەی کـە خـودا بـە داودی دابـوو و ئەوانەشـی کـە بـە موسـای دابـوو، هاتنـە دی. «سـتایش بـۆ یـەزدان، ئـەوەی هـەروەک بەڵێنـی دابـوو ئیسرائیلـی گەلـی خـۆی حەسـاندەوە. تەنانـەت تەنهـا وشـەیەکیش لـە هەمـوو ئـەو بەڵێنـە باشـانە نەشـکا کـە یـەزدان لـە ڕێگـەی موسـای بەندەیـەوە دابـووی» (یەکـەم پاشـایان ٨: ٥٦). بـەڵام کارەسـات خـۆی لـە کونجێکـدا مـەڵاس دابـوو، چونکـە پاشـای دانـا گێلانـە ئاگادارییەکانـی یەزدانـی پشـتگوێ خسـت.

ئەدەبیاتـی پـڕ لـە دانایـی کتێبـی پیـرۆز (ئەیـوب، زەبـوورەکان، پەندەکانـی سـلێمان، ژیرمەنـدی، گۆرانـی گۆرانییـەکان) ئەوپـەڕی دانایـی داود و سـلێمان و چەنـد کەسـێکی دیکـە دەردەخـات. کتێبەکانـی ئـەم کەسـە دانایانـە نیشـانمان دەدەن کـە ژیانـی پـڕ لـە ژیریـی و دانایی لەگـەڵ ترسـی یەزدانـدا لـەم جیهانـە پـڕ لـە گونـاه و پێشـبینی نەکـراو و هەندێـک کات نادادپـەروەر و لەگـەڵ ئەوەشـدا ڕێکوپێکـەدا چۆنـە. ئـەم کتێبانـە

دەڕواننە داوەوە و سەرنجی بەدیهێنان و پلان و کارەکانی خودا دەدەن، هەروەها دەڕواننە پێشەوە و سەرنجی مەسیح و بەڵێنەکانی خودا دەدەن.

سلێمان لە جێگەی ئەوەی کە گەلی ئیسرائیل بەپێی وشەی باشی خودا بەڕێوە ببات و ڕێنماییان بکات، دەستی کرد بە کۆکردنەوەی زێڕێکی زیاتر (دووەم پوختەی مێژوو ٩: ١٣- ٢١)، ئەسپ و گالیسکەیەکەی زۆر (دووەم پوختەی مێژوو ٩: ٢٥- ٢٨)، هەروەها چەندین ژنیشی هێنا (یەکەم پاشایان ١١: ٣). ئەوە ڕەچەتەی نەهامەتی بوو، ڕێك بەو جۆرەی کە خودا ئاگاداری کردبوونەوە (دواوتار ١٧: ١٤- ٢٠). لە هەمووی خراپتر ئەوە بوو کە سلێمان نە تەنها نەیتوانی ئەو بەرزاییانە لەناوببات کە بتیان تێدا دەپەرسترا، بەڵکو خودی پاشا لە کاتی پیریدا بە تەواوی شوێن یەزدان نەکەوتبوو (یەکەم پاشایان ١١: ٥- ١٠). سەرەتا پرشنگدارەکەی فەرمانڕەوایەتی سلێمانی پاشا ئێستا بەرەو کارەسات دەڕوات، چونکە پاشا چۆن بێت، شانشینەکەش بەو شێوەیە دەبێت.

کاردانەوەی خودا چی دەبێت؟ یەزدان بە سلێمانی فەرموو: «لەبەر ئەم هەڵوێستەت و گوێڕایەڵنەبوونت بۆ پەیمان و فەرزەکەی من کە فەرمانم پێ کردیت، پاشایەتییەکەت لێ پارچەپارچە دەکەم» (یەکەم پاشایان ١١: ١١- ١٣). سلێمان وەکو پاشای ئیسرائیل چل ساڵ حوکمی کرد. بەڵام دوای مردنەکەی، شانشینەکەی بووە دوو پارچەوە، ڕێک بەو جۆرەی کە خودا بەڵێنی دابوو (یەکەم پاشایان ١٢: ١٦- ٢٠). ئیسرائیلی دابەش کرد بەسەر شانیشینی باکور (ئیسرائیل) لەگەڵ شانشینی باشور (یەهودا). هیچ کام لە پاشاکانی داهاتووی ئیسرائیل (جگە لە حزقییل و یۆشیا) نەیانتوانی بتپەرستەکانی سەر بەرزاییەکان لەناو ببەن. پاشاکان گوناهیان کرد و بەدوایاندا خەڵکیش گوناهیان کرد. خەڵکی ئیسرائیل «خودای دیکەیان پەرست و بەدوای بەجێهێنانی نەریتی ئەو گەلانە کەوتن کە یەزدان لەبەردەم نەوەی ئیسرائیل دەریکردبوون، پەیڕەویان لە کار و کردەوەی پاشاکانی ئیسرائیل کرد» (دووەم پاشایان ١٧: ٧- ٨). پاشا چۆن بێت، گەلیش بەو شێوەیە دەبن.

ئامۆژگاری سەبارەت بە وتاردان و فێرکردن

لە وتار یان وانەکەتدا تەنها تیشک مەخەرە سەر بوێری و ئازایی داود یان ئەوەی کە «چۆن دەتوانین ڕووبەڕووی شتە زەبەلاخەکانی ژیانت ببیتەوە؟». لە جێگەی ئەوە هەڵبژاردنی داود کە بە بەدڵی خودا بوو، بۆ ئەوەی فەرمانڕەوایی گەلی خودا بکات، وەکو ڕێگەیەک چاو لێ بکە کە خودا بەهۆیەوە حوکمڕانی خۆی بۆ سەر زەوی گەڕاندەوە (یەکەم ساموئێل ١٦: ١- ١٣). خودا بەڵێنی بە داود دا کە پاشایەکی هەتاهەتایی لە خێزانەکەی ئەوەوە بۆ هەتاهەتایە فەرمانڕەوایی دەکات (دووەم ساموئێل ٧). ئەم پێشبینییەی عیسا بۆ ئەوە کەسانە ڕوون بکەوە کە وتاریان پێشکەش دەکەیت. یارمەتییان بدە لەوە تێبگەن کە ئەم کوڕەی داود لە کە داهاتوودا دێت، پەروەردگارییەتی (زەبوورەکان ١١٠؛ ئیشایا ٩: ٦- ٧؛ حزقیێل ٣٤: ٢٢- ٢٣؛ مەتا ٢٢: ٤٥).

تەنانەت پاشا داود لە پەیمانی نوێدا وەکو پێغەمبەری خودا ناوی هاتووە. داود لەبارەی چییەوە پێشبینی کرد؟ بێگومان لەبارەی عیساوە. «ئەویش کە پێغەمبەر بوو، دەیزانی خودا سوێندی بۆ خواردووە کە لە بەری پشتی ئەو لەسەر تەختەکەی دادەنیشێت. پێشبینیی کرد و باسی هەستانەوەی مەسیحەکەی کرد» (کرداری نێردراوان ٢: ٢٩- ٣١؛ زەبوورەکان ١٦).

پاشا دەردەکات

وەکو ئادەم، یاخیبوونی گەلی خودا ئاوارەبوون و ڕاپێچبوونی بۆ ڕۆژهەڵات لێکەوتەوە کاتێک کە ئیسرائیل و یەهودا لە خاکی باشی خودا دەرکران (پەیدابوون ٣: ٢٤؛ دووەم پاشایان ١٧: ١٨، ٢٣). لە ساڵی ٧٢٢ پ. ز شانشینی باکور ئاوارەی ئاشوور بوون، وە شانشینی باشور لە ساڵی ٥٨٦ پ. ز. ئاوارەی بابل بوون. وەکو کاتی عەدەن، خودا گەلەکەی خۆی لە دەرەنجامەکانی یاخیبوونێکی لەو شێویە ئاگادار کردبووەوە. خودا بەهۆی بەزەیی و پشوودرێژییەکەیەوە پێغەمبەر لەدوای پێغەمبەری لەنێو گەلەکەی بەرز کردەوە بۆ ئەوەی پەیامی تۆبەکردن بۆ گەلە یاخییەکەی ڕابگەیەنن (یەکەم پاشایان ١٤: ١٥). ئەلیاس و ئەلیشەع و زۆرێک لە پێغەمبەرانی دیکە دژی گەلە نادڵسۆز و بێباوەڕەکەی خودا وەستانەوە. بەڵام

خەڵکی کەللەڕەق بوون و ئاگادارییە بەردەوامەکانی خودایان پشتگوێ خست:

«یەزدانیش لە ڕێگەی هەموو پێغەمبەران و ڕاگەیەنەرانی پەیامی خودا ئیسرائیل و یەهودای ئاگادار کردەوە، فەرمووی: لە ڕێگا خراپەکانتان بگەڕێنەوە و فەرمان و فەرزەکانم بەجێبهێنن، بەگوێرەی تەواوی ئەو تەوراتەی کە باوباپیرانی ئێوەم پێی ڕاسپارد، ئەوەی لە ڕێگەی بەندە پێغەمبەرەکانمەوە بۆم ناردن. بەڵام گوێیان نەگرت و وەک باوباپیرانیان کەللەڕەقییان کرد، ئەوانەی بڕوایان بە یەزدانی پەروەردگاریان نەکرد. فەرزەکانی ئەویان ڕەتکردەوە، هەروەها ئەو پەیمانەی کە لەگەڵ باوباپیرانیان بەستبووی و ئەو ئاگادارکردنەوانەی کە پێیدان ڕەتیان کردەوە. دوای بتی پووچ کەوتن و پووچ بوون.» (دووەم پاشایان ١٧: ١٣- ١٥)

لە جێگەی پەرستنی خودای ڕاستەقینە، ئەوەیان پەرست کە پووچ بوو بۆیە خۆشیان پووچ بوون. لە جیاتی ئەوەی کە تەنها کڕنۆش بۆ خودا ببەن، بت و پەیکەریان بۆ خۆیان دروست کرد و تەنانەت منداڵەکانیان کردە قوربانی ئەو بت و پەیکەرانە. هەر بۆیە پاشا گەلەکەی دەرکرد، بەو جۆرەی کە ئاگاداری کردبوونەوە (لێڤییەکان ٢٦: ٣٣؛ دواوتار ٢٨: ٦٣- ٢٦).

کاریگەریی حوکمدانی ڕاپێچیکردن زۆر گەورە بوو: بێ پاشا، بێ خاک، بێ پەرستگا - تەنها فرمێسک و گریان.

«لەدەم ڕووبارەکانی بابل، لەوێ دانیشتین، هەروەها گریاین کە سییۆنمان بیر کەوتەوە. بە شۆڕەبییەکانی ناوەڕاستی قیسارەکانی خۆمان هەڵواسی، چونکە لەوێ ڕاپێچکەرانمان داوای گۆرانییان لێکردین، چەوسێنەرانمان داوایان کرد دڵخۆشیان بکەین: گۆرانییەکمان بۆ بڵێن لە گۆرانییەکانی سییۆن. چۆن گۆرانی یەزدان بڵێین لە خاکێکی بێگانە؟» (زەبوورەکان ١٣٧: ١- ٤)

ئاوارەبوونی گەلی خودا لە ئاشوور و بابل جارێکی دیکە پیرۆزیی خودا و دەرەنجامە کوشندەکانی یاخیبوون دژی ئەو دەردەخات.

وا دیاربوو کە ئومێد و خەونی گەلی کۆنی خودا کە لەژێر حوکمی پاشانەی خودا گەشەی بەخۆیەوە دەبینی، بەرەو کوژانەوە و نەمان دەچوو.

«ئێمە گوناهمان کرد و یاخی بووین، تۆش لێمان خۆش نەبوویت. خۆت بە تووڕەیی داپۆشی و ڕاوتناین، بەبێ بەزەیی ئێمەت کوشت. بە هەور خۆت داپۆشی بۆ ئەوەی نوێژەکانمان نەگاتە لات. ئێمەت کرد بە پاشەڕۆ و نەویستراو لەنێو گەلان. هەموو دوژمنانمان دەمیان لێمان کردەوە. ترس و تەڵە باڵی بەسەرماندا کێشا، لەناوچوون و وێرانی.» (شینەکانی یەرمیا ٣: ٤٢- ٤٧)

خودا دەریکردن. بەڵام هەموو بەیانییەک بەزەییەکانی نوێن، چونکە بەزەییەکی زۆر گەورەیە (شینەکانی یەرمیا ٣: ٢٣).

ئامۆژگاری سەبارەت بە وتاردان و فێرکردن

کارە مەزنەکانی ڕزگاری و حوکمدان لە مێژوودا زۆربەی کات ئاماژە بە کاری مەزنتری ڕزگاری و حوکمی خودا لە داهاتوودا دەکەن. لە ئاوارەبوونی ئادەم و حەوا لە دەرەوەی باخچەی عەدەن هەتا دەگاتە حوکمدانی خودا لەڕێگەی لافاوەکەی سەردەمی نوح، بەڕوونی دەبینین کە «کرێی گوناە مردنە» (ڕۆما ٦: ٢٣). ئەم ڕاستییە قورسە ون مەکە کاتێک لە کتێبە پێشبینییەکانی پەیمانی کۆن لەبارەی حوکمدانی خودا لە شێوەی ئاوارەیی و ڕاپێچکردن، فێرکردن و وتار پێشکەش دەکەیت.

پێغەمبەران وێرانبوونی ئۆرشەلیم و دەرکردنی گەلی ئیسرائیل بۆ بابل وەکو ترسی نیشتەجێبوون لە تاریکیی تەواو وەسف دەکەن (شینەکانی یەرمیا ٣: ١- ٢)، کە پێشبینی ترس و خۆفی فڕەدانە نێو تاریکی هەتاهەتایی دۆزەخ دەکات کە شوێنی ئەوپەڕی تاریکییە و گریان و جیڕەیی ددانی لێیە (مەتا ٨: ١٢؛ ٢٢: ١٣؛ ٢٥: ٣٠).

هەروەها دڵنیابە لەوەی کە تیشک بخەیتە سەر بارودۆخی ئاوارەیی و ڕاپێچکردنی گەلی خودا. لەو کاتەوەی کە ئادەم و حەوا لە بەهەشت دەرکراون، گەلی خودا هەمیشە «دانیشتووی کاتیی»بوون (یەکەم پەترۆس ٢: ١١)، هەروەها نامۆ و بێگانە بوون (عیبرانییەکان ١١: ١٣) چونکە ئێمە هاوڵاتیی ئاسمانین (فیلیپی ٣: ٢٠). «لەبەر ئەوەی لێرەدا هیچ شارێکمان بۆ نامێنێتەوە، داوای ئەو شارە دەکەین کە لە داهاتوودا دێت» (عیبرانییەکان ١٣: ١٤).

پاشا بەڵێن دەدات

تەنانەت لەنێو ترس و تۆقینی ئاوارەیی و ڕاپێچبووندا، خزمەتکارانی خودا، واتە پێغەمبەران ئومێدێکی تازەیان دەخستە نێو دڵی گەلی خودا. ڕاستیی ئازاربەخشی ئاوارەیی و ڕاپێچبوون تێکەڵ بە بەڵێنی گەڕانەوە لە ئاوارەیی ببوو:

«لەبەر ئەوە لەم خاکە فڕێتان دەدەمە دەرەوە بۆ خاکێک کە نە ئێوە و نە باوباپیرانتان نەتانناسیوە. لەوێ بە شەو و ڕۆژ خوداکانی دیکە دەپەرستن، چونکە من لەگەڵتان میهرەبان نابم. هەروەها یەزدان دەفەرموێت: لەبەر ئەوە سەردەمێک دێت، چیتر ناڵێن: "بە یەزدانی زیندوو، ئەوەی نەوەی ئیسرائیلی لە خاکی میسرەوە دەرهێنا، بەڵکو دەڵێن: "بە یەزدانی زیندوو، ئەوەی نەوەی ئیسرائیلی لە خاکی باکوورەوە دەرهێنا و هەروەها لە هەموو ئەو خاکانەی بۆ ئەوێ دەریکردن." چونکە دەیانگەڕێنمەوە بۆ خاکەکەیان، ئەوەی دام بە باوباپیرانیان.» (یەرمیا ١٦: ١٣- ١٥)

پێغەمبەران بەردەوام بەڵێنەکانی خودایان وەبیر ئیسرائیل دەهێنایەوە کە بە ئیبراهیم و داودی باپیرە گەورەیان دابوو. ئاماژەیان بە کارێکیش کرد کە یەزدان لە ڕۆژانی کۆتاییدا ئەنجامی دەدات. بەڵێنەکانی ڕابردوو و ئومێدەکانی ڕۆژانی دوایی پێشبینی داهاتوویەکی مەزن دەکەن. پێغەمبەران بە باوەڕەوە تەماشای کاری داهاتووی خودایان کرد (حەبەقوق ١: ٥؛ ٣: ٢)، وە ئەم هیوا و ئومێدە بووە هۆی دڵخۆشیی یەزدان.

«لەگەڵ ئەوەی دار هەنجیر گوڵ ناکات و دار مێوەکان هێشووە ترێیان نییە، لەگەڵ ئەوەی دار زەیتوون بەر ناگرێت و کێڵگەکان خواردن بەرهەم ناهێنن، لەگەڵ ئەوەی مەڕ لە پشتیر دەبڕدرێتەوە و مانگا لەسەر ئاخوڕ نییە، بەڵام من بە یەزدان دڵشاد دەبم، بە خودای ڕزگارکەرم دڵخۆش دەبم.» (حەبەقوق ٣: ١٧- ١٨)

ئەم ئومێدە لە سەرووی ناخۆشی و نەهامەتیی ئاوارەیی و ڕاپێچبوونەوە بوو، وە تیشکی دەخستە سەر هاتنی پاشایەکی دیکە لە داهاتوودا وەکو داود (حزقیێل ٣٤: ٢٣). خودا بەڵێنی دا کە بێت و شوانایەتی گەلەکەی بکات وە بەڵێنی دا کە داود دەبێتە شوانیان. هەروەها بەڵێنی ئەنجامدانی کارێکی مەزنی دا، ئەویش بریتی بوو لە دامەزراندنی پەیمانێکی نوێ. خودا بە یەرمیای پێغەمبەری فەرموو:

«ئەمە ئەو پەیمانەیە کە لەدوای ئەو ڕۆژانە لەگەڵ بنەماڵەی ئیسرائیلدا دەیبەستم، فێرکردنەکەم دەخەمە ناو بیرکردنەوەیان و لەسەر دڵیان دەینووسم. من دەبم بە خودای ئەوان و ئەوانیش دەبن بە گەلی من. لەمەودوا کەس هاوڕێکەی خۆی یان براکەی خۆی فێرناکات و بڵێت: "یەزدان بناسە،" چونکە هەموویان دەمناسن، لە بچووکیانەوە هەتا گەورەیان، چونکە لە تاوانەکانیان خۆشدەبم، چیتر گوناهەکانیان بەبیری خۆم ناهێنمەوە ئەوە فەرمایشتی یەزدانە.» (یەرمیا ٣١: ٣٣- ٣٤)

یەزدان لە شوێنی دیکە دەفەرموێت کە ئەم پەیمانە نوێیە دووبارە کۆکردنەوەی گەلەکەی لە ڕێگەی دەرچوونێکی دیکە (حزقیێل ٣٦: ٢٦- ٢٨؛ دواوتار ٣٠: ٣- ٤) و بەخشینی ڕۆحی پیرۆز بە ڕێگەیەکی تازە و نوێ لەخۆ دەگرێت، هەروەها هەموو گەلی خودا دەبنە خاوەنی دڵی نوێ بۆ متمانەکردن و گوێڕایەڵیی پاشاکەیان (یۆئێل ٢: ٢٨- ٢٩). تەنانەت پێغەمبەرەکان بەردەوام بوون لە پێدانی ئومێد و هیوای ئەوەی کە پاشای هەموو بەدیهێنان دەبێتە هۆی بنیاتنانی بەدیهێنانێکی نوێ، ئاسمان و زەوییەکی نوێی کە لەوێدا هەموو نەتەوەکان لەبەردەم یەزداندا کۆڕنۆش دەبەن (ئیشایا ٦٥: ١٧؛ ٦٦: ٢٢- ٢٣).

هاوکات ئەم هەمووە ئومێدە سەرسامکەرانە تێکەڵ بە هاتنی کەسێکی پڕ لە ڕاز و نهێنیی ببوو، کە ئەویش خزمەتکاری خودا بوو. ئەو لە نەوەی داودەوە دێت و بە ڕۆحی خودا دەستنیشان دەکرێت (ئیشایا ١١: ١- ٣). ئەم خزمەتکارە خەڵکی ئیسرائیل دەبێت و گەلی ئیسرائیل دەگەڕێنێتەوە بۆ لای خودا (ئیشایا ٤٩: ٥).

بەڵام ئەم خزمەتکارە گەلێک لە هەموو جیهان دروست دەکات. یەزدان بەم خزمەتکارەی فەرموو:

«ئەمە شتێکی کەمە بۆ تۆ کە بەندەی من بیت بۆ هەستانەوەی هۆزەکانی یاقوب و بۆ گەڕانەوەی ئەوانەی کە لە ئیسرائیل ئەوانم پاراست، بەڵکو دەتکەمە ڕووناکی بۆ نەتەوەکان تاکو ڕزگاریم بەوپەڕی زەوی بگەیەنیت.» (ئیشایا ٤٩: ٦؛ کرداری نێردراوان ١٣: ٤٧)

پلانی پاشا بۆ بەرەکەتدارکردنی جیهان و بەجێهێنانی ئەو بەڵێنەی کە بە ئیبراهیمی دا، پەیوەست بوو بەم کەسەوە کە لە داهاتوودا لە داودەوە دێت.

پێغەمبەرەکان تامەزرۆی هاتنی خۆی و شانشینە هەتاهەتاییەکەی بوون (ئیشایا ٩: ٦- ٧). کاتێک کە ئەم پاشایە لە کۆتاییدا دێت، ڕزگاریی بۆ گەلەکەی دەهێنێت.

«هەر چوار لای زەویش ڕزگاریی خودای ئێمە دەبینن.» (ئیشایا ٥٢: ١٠)

بەڵام چۆن ئەم کەسە مەزنە، ئەم پاشا پڕ لە ڕاز و نهێنییەی کە لە داهاتوودا لە نەوەی داودە دێت، گەلەکەی لە دەست گوناە ڕزگار دەکات؟ مایەی سەرسامییە کە پێغەمبەران دەڵێن کە پاشاکە وێران دەبێت و دەکوژرێت - نەک بەهۆی خراپەکارییەکانی خۆیەوە ، بەڵکو بە هۆی خراپە و گوناهی گەلەکەیەوە. گوێ لەم وشانەی ئیشایا بگرە:

«بەڵام ئەو لەبەر یاخیبوونەکانمان بریندار بوو، لەبەر تاوانەکانمان وردوخاشکرا. ئەو لە پێناوی ئاشتبوونەوەی ئێمە سزای چێژت، بە برینەکانی ئەو چاک بووینەوە.» (ئیشایا ٥٣: ٥)

جێگەی سەرسوڕمان نییە کە دوای چەندین سەدە، پەترۆسی نێردراو لەبارەی ئەو پێغەمبەرانەوە دەڵێت کە ڕۆحی پیرۆز کە لە ناخیاندا بوو ئاگاداری دەکردنەوە سەبارەت بە «ئازارەکانی مەسیح و ئەو شکۆداربوونەی لەدوای ئازارەکانەوە دێت» (یەکەم پەترۆس ١: ١٠- ١٢). ئەم بەڵێنە شکۆدارانە کە پێغەمبەران نوسیویانە، چاوەڕوانی زۆر گەورەی لێ دەکرێت.

بەڵام ئەو ئومێدە بەرەو نەمان دەچوو کاتێک کە گەلی ئیسرائیل لە کۆتاییدا لە ئاوارەیی و ڕاپێچکراوی گەڕانەوە. بڕوانە سیپارەی (عەزرا و نەحەمیا). لە ڕاستیدا بۆ سەدان ساڵ، ئەم ئومێد و هیوایانەی کە پێغەمبەران دەیاندا لەوە دەچوو کە وەستابێتن و چاوەڕێی ئەو ڕۆژە بکەن کە هەموو بەڵێنەکانی پاشا لە کۆتاییدا دێنە دی.

ئامۆژگاری سەبارەت بە وتاردان و فێرکردن

کاتێک کە وتار و فێرکردن سەبارەت بە پێغەمبەرانی پەیمانی کۆن پێشکەش دەکەیت، پەیامی ئەو سیپارانە ڕابگەیەنە کە لە ڕێگەی ڕۆحی پیرۆزەوە نووسراون،

نـەک تیشـک بخەیتە سـەر پێغەمبـەرەکان خۆیان.[8] سـیپارەی ئیشـایا تەنها باسـی پێغەمبەر ئیشـایا نـاکات، هەروەهـا سـیپارەی دانیـال تەنهـا باسـی پێغەمبـەر دانیـال نـاکات. کەواتـە کاتێـک سـیپارەی پێغەمبەرانـی پەیمانـی کـۆن دەخوێنیتـەوە، ئـەم پرسـیارە لـە خـۆت بکە: پەیامـی گشـتی ئـەم سـیپارەیە چییـە؟ کاتێـک لـە پەیامـی سـەرەکی سـیپارەکە تێگەیشـتی، دەتوانیـت لـە سەرتاسـەری کانۆنـی کتێبـی پیـرۆزدا دەسـت بکەیـت بـە گـەڕان بـەدوای پەیوەندییەکانـدا (مەتـا ٥: ١٧؛ لۆقـا ٢٤: ٢٥، ٢٧، ٤٤).

کتێبـی پێغەمبەرانـی پەیمانـی کـۆن بـۆ ئـەوە لەنێـو کتێبـی پیـرۆزدا نییـە کـە سـەرنجمان بـەلای ئـەو وانـە ڕەوشـتییانەدا ڕابکێشـێت کـە دەتوانیـن لـە ژیانـی چەندیـن کەسـەوە وەریانبگریـن، بەڵکـو لـە جێگـەی تیشـک خسـتنە سـەر ئـەم بابەتـە، یارمەتـی بەشـداربووان بـدە کـە تیشـک بخەنـە سـەر ئـەو شـتەی کـە خـودی ئـەو کەسـانە تیشـکیان خسـتبووە سـەر، کـە ئەویـش ڕزگاریـی مەزنیـی خـودا لـە ڕێگـەی مەسـیح بـوو.

«چونکـە ئامانجـی باوەڕتـان بەدەسـتدەهێنن، واتـە ڕزگاری دەروونتـان. ئـەو پێغەمبەرانـەی کـە پێشـبینییان کـرد لەسـەر ئـەو نیعمەتـەی کـە خـودا بـۆ ئێـوەی ئامـادە کردبـوو، بـە وردی لێکۆڵینەوەیـان لـە بابەتـی ئـەو ڕزگاربوونـە کـرد و بەدوایـدا گـەڕان، ڕۆحـی مەسـیح کـە تێیاندابـوو، ئـاگاداری دەکردنـەوە سـەبارەت بـە ئازارەکانـی مەسـیح و ئـەو شـکۆداربوونەی لـەدوای ئازارەکانـەوە دێـت، هەوڵیـان دەدا کـە بزانـن ڕۆحـی پیـرۆز ئامـاژە بـە چـی دەکات لەبـارەی کاتـی ڕوودانەکـەی یـان بارودۆخـی جیهـان لـە کاتـی ڕوودانەکـەی. بۆیـان ئاشـکرا کـرا کـە پەیامەکـە بـۆ خۆیـان نەبـوو، بەڵکـو بـۆ ئێـوە بـوو، واتـە ڕووداوەکان لـە سـەردەمی ئێـوە ڕوودەدەن. ئێسـتا پێتـان ڕاگەیەنـرا بەهـۆی ئەوانـەی مزگێنییـان پـێ بەخشـین بـە یارمەتـی ڕۆحـی پیـرۆز، کـە لـە ئاسـمانەوە نێـردراوە. ئەمانـە ئـەو ڕووداوانـەن کـە فریشـتەکانیش بـە پەرۆشـن لێیـان ورد ببنـەوە.» (یەکـەم پەتـرۆس ١: ٩- ١٢)

---

٨ John Sailhamer, "Preaching from the Prophets," in Preaching the Old Testament, ed. Scott M. Gibson (Grand Rapids, MI: Baker, 2006), 115 - 36

وەرزی چوارەم

چیرۆکی گەورەی کتێبی پیرۆز چییە؟

بەشی دووەم

پاشا دێت

وە لە کۆتاییدا ئەو پاشایە هات کە ماوەیەکی زۆر بوو چاوەڕێیان دەکرد.

پاشای پاشایان خودی خۆی هات بۆ ئەوەی گەلەکەی ڕزگار بکات تاکو ستایشی بکەن و یاخیبووان بکرێتەوە کە ڕێگەی ڕاستیان لێ ون ببوو. دوای چەندین ساڵ تاریکی، لە ئاکامدا ڕووناکی جیهان و ڕووناکی ڕاستەقینە هات بۆ ئەم جیهانە (یۆحەنا ١: ٩). دوای وەرزێکی درێژ لە بێدەنگی، وشە هەتاهەتاییەکە، کە لەگەڵ خودا بوو و خودی خودا بوو، بوو بە مرۆڤ و لەنێوانماندا نیشتەجێ بوو بۆ ئەوەی باوکی ئاسمانیمان پێ بناسێنێت (یۆحەنا ١: ١٤، ١٨). ڕێک بەو جۆرەی کە خودا بەڵێنی دابوو، پاشاکە بەدڵنیاییەوە نەوەی داود و ئیبراهیم بوو (مەتا ١: ١). لەگەڵ ئەوەشدا، پاشاکە بە جەستە خودایە و پێی دەگوترێت خودا لەگەڵمانە، وەکو چۆن پێغەمبەران پێشبینییان کرد:

«ئەمانە هەمووی ڕوویدا تاکو ئەوەی یەزدان لە ڕێگەی پێغەمبەرەکە فەرموویەتی بێتە دی: ئەوەتا پاکیزەیەک سکی دەبێت و کوڕێکی دەبێت، ناوی لێ دەنێن ئیمانوێل، کە بە واتای خودا لەگەڵمانە دێت.» (مەتا ١: ٢٢- ٢٣)

کوڕی ئەزەلیی خودا بوو بە منداڵێکی ساوا. کوڕی هەتاهەتایی خودا بووە مرۆڤ. وە بەم مرۆڤە کە پاشایە دەگوترێت عیسا «چونکە گەلەکەی لە گوناهەکانیان ڕزگار دەکات» (مەتا ١: ٢١). عیسا کە وشەی هەتاهەتایی خودایە جەستەی پۆشی، واتە خودی پەروەردگار هات بۆ ئەوەی لەگەڵ گەلەکەی بێت و ئەو ئەرکە جێبەجێ بکات کە باوکی پێی سپاردبوو. عیسا کوڕی خۆشەویستی

خودایـە، ئـەوەی کـە بـاوک دڵشـادە پێـی (لۆقـا ٣: ٢٢). بەپێچەوانـەوەی ئـادەم و ئیسرائیلـەوە، عیسـا هەمیشـە دەژی بـۆ ئـەوەی باوکـی دڵخـۆش و شـکۆدار بـکات. دوای ئـەوەی کـە عیسـا لـە ئـاو هەڵکێشرا و ڕۆحـی پیـرۆزی وەرگـرت، کـوڕی خـودا بـرا بـۆ چۆڵەوانـی تاکـو دژی شـەیتان بجەنگێـت، کـە دوژمنـی سـەرەکی خـودا و گەلەکەیەتـی (لۆقـا ٤: ١- ٢).

شـەیتان، واتـە مارەکـە، هەوڵـی دا هـەر لـە سـەرەتاوە کار و خزمەتەکـەی عیسـا ڕابگرێـت. بـەڵام لـەو شـوێنەی کـە ئـادەم و ئیبراهیـم و موسـا و داود و سـلێمان و ئیسرائیـل شکسـتیان خـوارد، عیسـا لـە ڕێگـەی متمانەکـردن بـە وشـەی ڕاسـت و دروسـتی خـودا سـەرکەوتنی بەدەسـت هێنـا. عیسـا بـە هەمووانـی نیشـان دا کـە ئـەو کـوڕی ڕاسـتەقینە و وەفـاداری خودایـە (لۆقـا ٤: ١- ١٣). عیسـا دوای ئـەو سـەرکەوتنەی کـە لـە چۆڵەوانـی بەدەسـتی هێنابـوو، دەسـتی کـرد بـە ڕاگەیاندنـی مزگێنـی خـودا و دەیفەرمـوو: «کاتەکـە هاتووەتـە دی و پاشـایەتی خـودا نزیـک بووەتـەوە. تۆبـە بکـەن، بـاوەڕ بـەم مزگێنییـە بهێنـن» (مەرقـۆس ١: ١٥). شـوێنکەوتووەکانی کـۆ دەکـردەوە و باسـی شانشـینی خـودای بـۆ دەکـردن (مەتـا ١٣). بـە درێژایـی کار و خزمەتەکـەی عیسـا، حوکـم و فەرمانڕەواییکردنـی خـودا زۆر بەهێـزەوە نیشـان درا.

عیسـا وەکـو پێغەمبەرێـک کـە لـە موسـا دەچـوو، چەندیـن جـۆر نیشـانە و پەرجـووی لەنێـو ئیسرائیلـدا ئەنجـام دا و هێـزە مەزنەکـەی خـودای بـە هەمـووان نیشـان دا (دواوتـار ١٨: ١٥؛ ٣٤: ١٠- ١٢). عیسـا نەخۆشـی چـاک کـردەوە، هـەزاران کەسـی بـە نانـی ئاسـمانی تێـر کـرد و تەنانـەت مـردووی زینـدوو کـردەوە. وە لەگـەڵ ئەوەشـدا، عیسـا ئـەو جـۆرە پاشـایە نەبـوو کـە جیهـان چاوەڕێیـان دەکـرد. ئـەو شانشـینەی کـە عیسـا ڕایگەیانـد، بـە شـێواز و ڕێگـەی دنیایـی بنیـات نانرێـت و دانامەزرێـت. عیسـا فەرمـووی: «پاشـایەتی مـن لـەم جیهانـە نییـە. ئەگـەر پاشـایەتی مـن لـەم جیهانـە بووایە، خزمەتکارانـم دەجەنـگان تاکـو نەدرێمـە دەسـت ڕابەرانـی جولەکـە» (یۆحەنـا ١٨: ٣٦).

ئامۆژگاری سەبارەت بە وتاردان و فێرکردن

سـیپارەی مـژدە و مزگێنییـەکان (مەتـا، مەرقـۆس، لۆقـا، یۆحەنـا) تیشـک دەخەنـە سـەر عیسـا، بـەڵام لەگـەڵ ئەوەشـدا دەکرێـت بـە ئاسـانی چاومـان لەسـەر ئـەو

نەمێنێت و لە وتار و فێرکردنەکانماندا باسی شتێک بکەین کە گرنگییەکی ئەوتۆی نەبێت. بۆ نموونە، ئەگەر دەربارەی ئینجیلی مەتا وتار بدەیت و بگەیتە (مەتا ٨: ٢٣- ٩: ٨)، ئەوا چۆن مامەڵە لەگەڵ ئەم دەقەدا دەکەیت؟ لێرەدا سێ وەسفی ئەنجامدانی چەند پەرجوویێکمان لە لایەن عیساوە هەیە، وە چەندین بابەتی لەڕێلادەر و لاوەکیمان هەیە، چونکە ئەو سێ ڕووداوەی کە لەم بەشەی کتێبی پیرۆزدا تۆمار کراوە، بەڕاستی سەرسوڕهێنەرن: ئارامکردنەوەی ڕەشەبا (٨: ٢٣- ٢٧)، چاککردنەوەی پیاوێک کە ڕۆحی پیسی تێدا بوو (٨: ٢٨- ٣٤) و چاککردنەو و بەخشینی ئیفلیجێکی گوناهبار (٩: ١- ٨). مەبەستی سەرەکی ئەم دەقانە چین؟ ئەوەیە کە عیسا خاوەن هێز و دەسەڵاتە! ئەو دەسەڵاتی بەسەر تەواوی بەدیهێنان و ڕۆحە پیسەکان و گوناە و نەخۆشیدا هەیە. کاتێک کە وتار و فێرکردن لەسەر ئینجیلەکان پێشکەش دەکەیت، زیاتر لە هەر شتێکی دیکە، تیشک بخەرە سەر عیسا.

ئەوەی کە زیاتر جێگەی سەرسوڕمانە ئەوەیە کە عیسا تەنانەت ئەو جۆرە پاشایە نەبوو کە گەلەکەی چاوەڕێیان دەکرد: «ئەو بۆ لای گەلەکەی هات، بەڵام ئەوان پێشوازییان لێ نەکرد» (یۆحەنا ١: ١٠- ١١). تەنانەت قوتابییەکانی عیساش لە سەرەتادا سەریان لێشێوابوو و پرسیاریان هەبوو لەبارەی سروشتی ئەرک و خزمەتی عیسا و ئەوەی کە دەیویست جێبەجێی بکات. عیسا بەردەوام بە قوتابییەکانی دەفەرموو کە لە جێگەی ئەوەی قبوڵی بکەن و پێشوازی لێ بکەن، ڕەت دەکرێتەوە. لە جێگەی ئەوەی کە شکۆداری بکەن و ڕێزی بگرن، یەکەم جار ناپاکی بەرامبەر دەکرێت و تەنانەت وەکو تاوانبارێک لەسەر خاچی ڕۆمانی گیانی دەسپێرێت.

ئەو پاشایەی کە بۆ ماوەیەکی زۆر چاوەڕێی هاتنی دەکرا، دەبوا لە خاچ بدرابا.

پاشا ئازار دەچێژێت و ڕزگار دەکات

پلانی سەرکەوتنی عیسای پاشا ڕاستەوخۆ بەرەو خاچی برد. وەکو چۆن یەزدان لە ڕێگەی پێغەمبەرەکانیانەوە بەڵێنی دابوو، خزمەتکاری خودا لە ڕێگەی

چەشتنی سزا لە شوێنی یاخییەکان خەڵکی ڕزگار دەکات. هەروەها وەکو چۆن لە (پەیدابوون ٣: ١٥)شدا بەڵێنی دا، نەوەی حەوا ڕۆژێک سەری مارەکە پان دەکاتەوە، بەڵام پاژنەی پێی شین دەبێتەوە. عیسا لەسەر خاچ نەفرەتی زۆر ناخۆشی گوناهی گرتە خۆ و لە جێگەی گوناهباران لە خاچ درا. عیسا لەسەر خاچ بە دەنگی بەرز فەرمووی: «خوای من، خودای من، بۆ وازت لێ هێنام؟» (مەتا ٢٧: ٤٦). عیسا لەسەر خاچ خوێنی خۆی وەکو قوربانی بۆ گوناهباران ڕشت و پەیمانی نوێی دامەزراند کە بەڵێنی درابوو (لۆقا ٢٢: ٢٠). لەسەر خاچ، خوێنی پاشا «لە پێناوی خەڵکێکی زۆر بۆ گوناه بەخشین ڕژا» (مەتا ٢٦: ٢٨).

عیسا ژیانی خۆی لەپێناو کڕینەوەی خەڵکێکی زۆر دانا (مەرقۆس ١٠: ٤٥) وە «ئەوەی بە سروشتی خۆی خودایە، نەیویست یەکسانییەکەی لەگەڵ خودا بۆ خۆی بقۆزێتەوە، بەڵکو خۆی کردە هیچ، شێوەی بەندەی وەرگرت، وەک مرۆڤی لێهات، کە بە ڕوخساری مرۆڤ بینرا، خۆی نزم کردەوە و تاکو مردن ملکەچ بوو، تەنانەت مردنی سەر خاچ« (فیلیپی ٢: ٦- ٨).

عیسا بوو بە جێگرەوەی کامڵ و تەواو، لەگەڵ جێگرەوەیەکی سزا کە گەلەکەی بێ ئەندازە پێویستیان پێ بوو.

هەموو ئەوەی سیستەمی قوربانی ئاماژەی پێدەکرد لە «بەرخی خودادا هاتە دی، کە گوناهی جیهان لادەبات» (یۆحەنا ١: ٢٩). وەکو چۆن پۆڵس بۆ کڵێسای کۆرنسۆس دەنووسێت: «بەڵێنەکانی خودا هەرچییەک بن، بە یەکبوون لەگەڵ مەسیح دەبن بە «بەڵێ». بۆیە بەهۆی ئەوەوە دەڵێین «ئامین» بۆ شکۆمەندی خودا. « (دووەم کۆرنسۆس ١: ٢٠). نووسەرانی ئینجیلی پیرۆز ڕوونیان کردووەتەوە کە عیسا بەرخی بێ لەکەی قوربانییە، کە لە پێناوی سڕینەوەی گوناهی گەلەکەی و ڕزگارکردنیان لە حوکمدان بە ئەنجامدانی دەرچوونێکی نوێ و باشتر سەربڕدرا (لۆقا ٩: ٣١؛ یۆحەنا ١٩: ٣٦).

هیچ شتێک، تەنانەت مەرگیش ناتوانێت ببێتە ڕێگر لەبەردەم ڕزگارکردنی گەلی خودا لەلایەن عیساوە. خۆشەویستی عیسا سەلماندی کە لە مردن بەهێزترە و لە دۆزەخ قووڵترە.

دوای تێپەڕبوونی سێ ڕۆژ بەسەر مردنەکەیدا، زیندوو بووەوە. یەکەم سەردانکەرانی گۆڕەکەی کە ئێستا بەتاڵە، ڕووبەڕووی فریشتەکان بوونەوە کە ئەم هەواڵە سەرسامکەرەیان ڕاگەیاند: «مەترسن، چونکە دەزانم بە شوێن عیسای لەخاچدراودا دەگەڕێن. ئەو لێرە نییە، هەروەک خۆی فەرمووی، هەستاوەتەوە. وەرن سەیری ئەو شوێنە بکەن کە لێی درێژکرابوو. خێرا بڕۆن و بە قوتابییەکانی بڵێن: ئەو لەنێو مردوواندا هەستاوەتەوە، پێش ئێوە دەچێتە جەلیل، لەوێ دەیبینن. ئەوەتا پێم گوتن» (مەتا ٢٨: ٥- ٧).

عیسای پاشا بە هەستانەوەی لەنێو مردووان دەستی کرد بە ئیشکردن لەسەر بەدیهێنانێکی نوێ، کارێک کە لە پەیمانی کۆندا بەڵێنی درابوو. لە ڕێگەی هەستانەوەی مەسیحەوە، ئەم ڕاستییەی ڕۆژانی کۆتایی، سەردەمی هاوچەرخی داگیر کرد. تەنانەت نەفرەتی گوناه و هێزی مردن نەیانتوانی پاشای پاشایان لە گۆڕ بهێڵنەوە. هەستانەوەی عیسا نیشانی دا کە ڕێک ئەوەیە کە خۆی بەدرێژایی ئەرک و خزمەتە زمینییەکەی فەرمووبووی.

ئێستا دوای تێپەڕبوونی زیاتر لە دوو هەزار ساڵ، عیسای پەروەردگار داوا لە هەموو یاخیبووان دەکات کە واز لە گوناهەکانیان بهێنن و باوەڕ و متمانە بەو بکەن. ئەو کاردانەوە و وەڵامەی کە عیسا داوا دەکات جیهان هەیبێت ئەوەیە کە باوەڕی پێ بهێنن یان حوکم بدرێن (یۆحەنا ٣: ١٦- ١٨). پاشای زیندووبووەوە بەڵێنی دا کە هەموو ئەوانە ڕزگار بکات کە باوەڕی پێ دەهێنن، جا ئیدی جولەکە بن یان ناجولەکە.

ئامۆژگاری سەبارەت بە وتاردان و فێرکردن

نزیکەی یەک لەسەر سێی ئینجیلەکان تیشکیان خستووە سەر کۆتا حەفتەی ژیانی عیسا، ئەو حەفتەیەی کە لەخاچدان و هەستانەوەکەی بەدواوە دێت. دوو لەسە سێیەکەی دیکەی ئامادەمان دەکەن کە لەو کەسە تێبگەین کە دەڕوات بۆ ئۆرشەلیم و دەدرێتە دەست کاهینانی باڵا و مامۆستایانی تەورات، بڕیاری مردنی دەدەن، دەیدەنە دەست ناجولەکەکان، گاڵتەی پێ دەکەن و تفی لێدەکەن و بە قامچی لێی دەدەن و لەخاچی دەدەن (مەرقۆس ١٠: ٣٣- ٣٤).

وە عیسا کە دەسەڵاتی تەواوی هەبوو، بەوپەڕی بێفیزییەوە دەڕواتە سەر خاچ و لەپێناو کڕینەوەی گەلێکی یاخیدا دەمرێت کە دەسەڵاتەکەیان ڕەت کردووەتەوە (مەتا ٢٠: ٢٥- ٢٨). وە هەمان عیسا کە لە ڕۆژی سێیەمدا لە مردن هەستایەوە و «هەموو دەسەڵاتێکی لە ئاسمان و زەویدا هەبوو»، شایانی هەموو پەرستن و ستایشێکی ئێمەیە (مەتا ٢٨: ١٧- ١٨). لەڕاستیدا داوا دەکات و شایانی ئەوەشە کە هەموو جیهان بیپەرستن (مەتا ٢٨: ١٨- ٢٠). بەدڵنیاییەوە هەموو وتار و فێرکردنەکانمان کە لە ئینجیلەکانەوە سەرچاوە دەگرن، دەبێت تیشک بخاتە سەر عیسا!

پاشا دەنێریت

عیسا لە ڕێگەی زیندووبوونەوەی لە مردن، بە ئاسمان و زەوی نیشان دا کە ئەو پاشای هەرەبەتوانایە کە تەنانەت مردنیش ناتوانێت ڕایبگرێت. عیسای زیندووبووەوە بە قوتابییەکانی فەرموو:

«هەموو دەسەڵاتێکم لە ئاسمان و لەسەر زەوی دراوەتێ. کەواتە بڕۆن، هەموو نەتەوەکان بکەنە قوتابی، بە ناوی باوک و کوڕ و ڕۆحی پیرۆز لە ئاویان هەڵبکێشن، فێریان بکەن با کار بکەن بە هەموو ئەو شتانەی کە ڕامسپاردوون. دڵنیابن من هەموو ڕۆژێک لەگەڵتانم، هەتا کۆتایی زەمان. (مەتا ٢٨: ١٨- ٢٠)

عیسا داوا لە قوتابییەکانی دەکات کە بڕۆن و خەڵکی بکەنە قوتابی. شوێنکەوتنی پاشا، واتە یارمەتیدانی کەسانی دیکە بۆ ئەوەی ئەوانیش شوێن پاشا بکەون. هەر بۆیە عیسا قوتابییەکانی ڕادەسپێرێت کە بڕۆن و هەموو نەتەوەکان بکەنە قوتابی. ئەم کوڕەی داود (عیسا) دەیەوێت هەموو نەتەوەکان بەڕێوە ببات، وە کوڕی ئیبراهیم (عیسا) دەیەوێت لە ڕێگەی مزگێنییەکەیەوە هەموو نەتەوەکان بەرەکەتدار بکات.

جێبەجێکردنی ئەرکە قورسەکەی مەسیح بەدڵنیاییەوە بە تاک و تەنها کارێکی مەحاڵە. بۆیە عیسای پاشا دەسەڵاتە مەزنەکەی و ئامادەبوونی هەتاهەتایی خۆی وەبیر شوێنکەوتووانی هێنایەوە، کە دڵنەوایی و ئاسوودەیی بەدواوە دەبێت. عیسا

قوتابییەکانی بەجێهێشت، بۆ ئەوەی بتوانێت بۆ هەتاهەتایە لەگەڵیان بمێنێتەوە. عیسا قوتابییەکانی «بۆ گوندی بێتعەنیا بردە دەرەوە، دەستی بەرز کردەوە و بەرەکەتداری کردن. کاتێک بەرەکەتداری دەکردن، لێیان جیا بووەوە و بەرزکرایەوە بۆ ئاسمان» (لۆقا ٢٤: ٥٠- ٥١).

عیسا پێشوەخت ڕوونی کردبووەوە کە دەبێت بگەڕێتەوە بۆ ئاسمان بۆ ئەوەی ئەو کەسە بنێرێت کە هێزیان پێدەبەخشێت بۆ ئەوەی شوێن عیسا بکەون و لە سەرتاسەری جیهاندا شایەتی بۆ بدەن. هەروەها بە ڕوونی ئاماژەی بەوەش کرد کە دەبێت کڵێسا بەجێبهێڵێت کە دەسەڵاتی ئەوەیان هەبوو کە هەرشتێک لەسەر زەوی بکەنەوە یان دایبخەن لە ئاسمانیش بە هەمان شێوە بکرێتەوە یان دابخرێت (مەتا ١٦: ١٩؛ ١٨: ١٨). عیسا پلان و بەرنامەی دانا کە لەدوای خۆی باڵیۆز و نوێنەر بۆ دەسەڵات و حوکمڕانییە باڵادەستەکەی بەجێبهێڵێت.

پێش ئەوەی کە عیسا بەرز بکرێتەوە بۆ ئاسمان، بە قوتابییەکانی فەرموو: «کاتێک ڕۆحی پیرۆزتان دێتە سەر، هێز وەردەگرن و بۆ من دەبنە شایەت، لە ئۆرشەلیم و هەموو یەهودیا و سامیرە، تاکو ئەوپەڕی زەوی» (کرداری نێردراوان ١: ٨). بەپێی عیسا، هاتنی ڕۆحی پیرۆز سەرزەنشتکردنی جیهانی بەدواوە دەبێت (یۆحەنا ١٦: ٧- ١١).

ئەوە بوو عیسا بەرز کرایەوە بۆ ئاسمان و لەگەڵ خودای باوک ڕۆحی پیرۆزی بەڵێندراویان لە کاتی جەژنی پەنجایەمیندا (جەژنی پەسخە) بەسەر کڵێسادا باراندا (کرداری نێردراوان ٢: ١- ٤١). وە بەو جۆرەی کە بەڵێنی دا، دەبینین کە ڕۆحی خودا بوێری لە باوەڕداراندا دروست دەکات تاکو بتوانن پەیامی ئینجیل ڕابگەیەنن، وە ڕۆحی خودا گوناهباران سەرزەنشت دەکات بۆ ئەوەی تۆبە بکەن و باوەڕ بهێنن.

ئەم نموونەیە باسەکەمان بۆ ڕوونتر دەکاتەوە: پەترۆس کە ڕۆژگارێک دەترسا و شەوی دەستگیرکردنی عیسا، ترسنۆکانە سێ جار نکۆڵی لە ناسینی کرد، پڕ بوو لە ڕۆحی پیرۆز و ڕایگەیاند کە عیسا بەپێی بەرنامە و پلانی خودا گیانی سپارد، وە بە دەسەڵاتەوە زیندوو بووەوە و ئیستا لە ئاسمانە. پەترۆس بەردەوام بوو

لەو قسانە و گوتی: «با هەموو ماڵی ئیسرائیل بە دڵنیایی بزانن، ئەم عیسایەی ئێوە لە خاچتان دا، خودا کردی بە مەسیحی خاوەن شکۆ» (کرداری نێردراوان ٢: ٢٢- ٢٤، ٣٣- ٣٦).

پەیامی پەترۆس لە جەژنی پەنجایەمیندا ڕوون و ئاشکرا بوو: عیسا مرد و زیندوو بووەوە، وە تەنها ئەو پاشای هەستاوە و دەسەڵاتدارە. تەنها عیسا بەرز کرایەوە و لە دەستەڕاستی پڕتوانای باوک دانیشت. لەو کاتەدا سێ هەزار کەسی یاخی باوەڕیان بە عیسای پاشا هێنا (کرداری نێردراوان ٢: ٤١). ئەوان ڕاستییان وەرگرت و لەئاو هەڵکێشران، ڕێک بەو جۆرەی کە عیسا فەرمانی کردبوو.

ئەوەی کە لەو ڕۆژەدا لە ئۆرشەلیم سەریهەڵدا، لە کۆتاییدا نە تەنها لەنێو جولەکەکاندا بڵاو بووەوە، بەڵکو لەنێو ناجولەکەکانیشدا بڵاو بووەوە. پلان و بەرنامەی خودا بۆ بەرەکەتدراکردنی جیهان لە ڕێگەی نەوەی ئیبراهیمەوە، هاتە دی. کڵێسای خۆجێی و ناوخۆیی دامەزرا و ئەو کڵێسایانەش کڵێسای دیکەیان دامەزراند. ئەم کڵێسایانە ڕووبەڕووی کێشە و گرفتێکی زۆر بوونەوە، بەڵام لەگەڵ هەبوونی چەوسانەوە و کێشەی ناخۆیی و دەرەکی، هیچ شتێک نەیتوانی پێش بە شەپۆلی مزگێنیدان بگرێت.

دەسەڵات و نیعمەتی خودا بەهێزەوە دەرکەوت کاتێک کە عیسای زیندووبووەوە، شاولی بانگ کرد، ئەو پیاوەی کە «هەڕەشەی لە قوتابییەکانی عیسای خاوەن شکۆ دەکرد و هەوڵی کوشتنی دەدان»، بۆ ئەوەی ببێتە ئامێرێکی هەڵبژێردراو بۆ هەڵگرتنی ناوی عیسا لەبەردەم ناجولەکەکان و پاشایان و نەوەی ئیسرائیل (کرداری نێردراوان ٩: ١، ١٥). عیسا چەوسێنەرەوەیەکی کڵێساکەی هەڵبژارد بە نیعمەتی خودا کردی بە نێردراوێک کە لە زۆربەی شانشینی ڕۆمانیدا شایەتی بۆ عیسای پاشا دەدات.

کەواتە، لە ڕێگەی شایەتی و کاری نێردراوان، بە سەرۆکایەتی پەترۆس و پۆڵس (کە پێشتر ناوی شاول بوو)، بە هاوکاری لەگەڵ هەزاران باوەڕدرای نەناسراودا، مزگێنی مەسیح بە دەسەڵاتەوە پەرەی سەند و کڵێسا گەشەیەکی بەرچاوی بە خۆیەوە بینی. «کڵێساش لە هەموو یەهودیا و جەلیل و سامیرەدا لە ئارامیدا

پاشا فەرمانڕەوایی دەکات

لە پەیمانی کۆندا دەبینین کە پێغەمبەران داوا لە گەلی خودا دەکەن کە متمانە بە پەروەردگار بکەن و بە خۆشەویستی و گوێڕایەڵییەوە دڵسۆزانە لەژێر دەسەڵات و فەرمانڕەوایی پەروەردگاردا بژین. بە هەمان شێوە، نامەکانی پەیمانی نوێ ئەوە ڕوون و جێبەجێ دەکەن کە ژیانی لەژێر دەسەڵات و حوکمڕانی عیسای پاشای هەستاوە و شکۆدار وەکو گەلی خودا چۆنە.

بەم شێوەیە، هەموو نووسراوە پیرۆزەکان دەتوانن دانایی و ژیری بە باوەڕداران ببەخشن کە لە ڕێگەی باوەڕ بە عیسای مەسیح ڕزگارییان بۆ دەستەبەر دەکات. پۆڵس دڵێت: «هەموو نووسراوە پیرۆزەکان لە سروشی خودان، سوودبەخشن بۆ فێرکردن و سەرزەنشت و ڕاستەڕێکردن و لێڕاهێنان لە ڕاستودروستی، تاکو پیاوی خودا تەواو ئامادە بێت بۆ هەموو کارێکی باش» (دووەم تیمۆساوس ٣: ١٦- ١٧).

هەموو نووسەرانی نامەکانی پەیمانی نوێ، شێوازێکی دیاریکراویان پەیڕەو کردووە. هەموویان تیشکیان خستووە سەر عیسای پاشا و ناسنامەکەیان ئاشکرا کردووە، وە ئەوەی کە بە دڵفراوانییەوە چ شتێکی بۆ گوناهبارە ناشایستەکان کردووە. لە کۆتاییشدا داوا لە خوێنەرەکانیان دەکەن کە بە متمانە و گوێڕایەڵییەوە لەپێناو شکۆدارکردنی ئەودا شوێنی بکەون.

پۆڵس لە نامەکەیدا بۆ کۆلۆسی، یەکەم جار دێتە سەر وەسفی مەزنی و گەورەیی عیسای پەروەردگار، ئەوەی کە دەسەڵاتی بەسەر هەموو بەدیهێنراوان و بەدیهێنراوانی نوێدا هەیە:

«کوڕەکە وێنەی خودای نەبینراوە، نۆبەرەیە و لە سەرووی هەموو بەدیهێنراوانە، چونکە بەهۆی ئەوەوە هەموو شتێک بەدیهێنرا: لە ئاسمان و لەسەر زەوی، بینراو و نەبینراو، تەخت یان دەسەڵات، سەرۆکایەتی یان حوکومڕانی، هەمووی بەهۆی ئەوەوە و بۆ ئەو بەدیهێنران. ئەو پێش هەموو شتێکە و هەموو شتێکیش بەهۆی ئەوەوە یەکیگرتووە.» (کۆلۆسی ١: ١٥- ١٧)

---

٩ Alan J. Thompson, The Acts of the Risen Lord Jesus: Luke's account of God's Unfolding Plan (Downers Grove, IL: InterVarsity Press, 2011).

وەکـو پـەروەردگاری هەمـوو بەدیهێـنراوان، ئـەو مەزنترینـە. وە زۆر ناوازەیـە کـە دەبینیـن ئـەم پـەروەردگارە هەمـان ئـەو کەسـەیە کـە لـە ڕێگـەی «خوێنـی سـەر خاچەکـەی» ئاشـتیی نایـەوە (کۆلۆسـی ١: ٢٠).

عیسـای پـەروەردگار ئەوەیـە. عیسـا ئـەو کەسـەیە کـە بـاوەڕداران ئومێـد و متمانـەی هەتاهەتاییـان لەسـەر هەڵچنیـوە. عیسـا ئـەو کەسـەیە کـە مـرد و زینـدوو بـووەوە، بەڵێنـی پەیمانـی نـوێ و گۆشـەنیگای بەدیهێنراوانـی نوێـی بەجێهێنـا.

کڵێسـا ئەمەیـە: گەلێـک کـە بـە خوێنـی عیسـا کـڕدراون، ڕۆحـی پیـرۆز پـڕی کـردوون و کـۆی کردوونەتـەوە، بـە بـاوەڕ بـە ئینجیـل یەکخـراون، وشـەی خـودا بەڕێوەیـان دەبـات و دانایـی فراوانـی خـودا بـە فەرمانـڕەوا و دەسـەڵاتداران لـە شـوێنەکانی ئاسـمان نیشـان دەدەن (ئەفەسـۆس ٣: ١٠). کڵێسـا گەلێکـی هەڵبژێـردراون، کاهینیێتـی شـاهانە، نەتەوەیەکـی پیـرۆز، گەلـی تایبەتـی خـودان (یەکـەم پەتـرۆس ٢: ٩).

کەواتـە وەڵامـی گونجـاو و دروسـتی گەلـی خـودا کـە کڵێسـان بۆ ئەم پاشا شـکۆدارە چییـە؟ «ئیـتر هـەروەک چـۆن عیسـای مەسـیحتان بـە پـەروەردگاری خۆتـان وەرگرتـووە، بـە یەکبـوون لەگـەڵ ئـەو بـەردەوام بـن لـە ژیـان، لـە ئـەودا ڕەگ دابکوتـن و خۆتـان بنیـاد بنێـن. وەک چـۆن فێربـوون چەسـپاو بـن لـە بـاوەڕدا، هەروەهـا بـا دڵتـان پـڕ لـە سوپاسـگوزاری بێـت» (کۆلۆسـی ٢: ٦- ٧). پۆڵـس بەشـەکانی دیکـەی سـیپارەی کۆلۆسـی بـۆ ئـەوەی تەرخـان کـرد کـە ژیرانـە ئـەوە بـە بـاوەڕداران بڵێـت کـە ژیـان لەپێنـاو شـکۆدارکردنی مەسـیحدا لەنێـوان ئـەم نـەوە خـوار و خێچـە و لـە جیهانێکـدا کـە دوژمنـی خـودان چۆنـە.

هـەر چەندە عیسـا زیندوو بـووەوە و فەرمانڕەوایی دەکات، بەڵام شـوێنکەوتووەکانی لەنێـوا کێشمەکێشـی «ئێسـتا و هێشـتا نـە» دا دەژیـن. عیسـای پاشا ئێسـتا کڵێسـاکەی بنیـاد دەنێـت، بـەڵام هێشـتا شانشـینەکەی بـە شـکۆوە بنیـاد نەنـراوە. عیسـا سـزای چەشـت و شـکۆدار کـرا؛ ئەوانـەی کـە شـوێنی دەکـەون، دەبێـت هەمـان شـت بکـەن.

پەتـرۆس نامـە بـۆ کۆمەڵـە باوەڕدارێک دەنووسـێت کە لـە سەرتاسـەری ئیمراتۆریەتی ڕۆمانیـدا پەرشـوبڵاو ببوونـەوە و تیشـک دەخاتـە سـەر بەرەکەتـی ئێسـتا و میراتـی داهاتـوو کـە لـە ڕێگـەی میهرەبانـی و بەزەیـی خـودا و بـە یەکبـوون لەگـەڵ مەسـیحدا

دەستەبەر کراوە: «ستایش بۆ خودا، باوکی عیسای مەسیحی پەروەردگارمان! بەهۆی بەزەییە فراوانەکەیەوە لەدایکبوونەوەی پێ بەخشین بۆ هیوایەکی زیندوو بە هەستانەوەی عیسای مەسیح لەنێو مردووان...» (یەکەم پەترۆس ١: ٣- ٩).

شوێنکەوتووانی عیسای پاشا هیوایەکی زیندوویان هەیە. باوەڕداران پێشوەخت ئەم ئومێدەیان تاقی کردووەتەوە - بەڵام هێشا زۆر شتی دیکە ماوە کە ڕووبدەن. ئێستا باوەڕداران ئازار دەچێژن، بەڵام لە کاتی گەڕانەوەی مەسیحدا شکۆدار دەبن. ئەم ئومێدە شکۆدارە، تەنانەت لە ناوەڕاستی تاقیکردنەوەی سەخت و چەوسانەوەدا، باوەڕداران هان دەدات کە متمانە بە پەروەردگار و پاشاکەمان بکەین و گوێڕایەڵی بین.

سەرنجی ئەوە بدە کە پەترۆس چۆن باسی ژیانی باوەڕدرار دەکات:

«بۆیە با مێشکتان ئامادە بێت بۆ چالاکی، خۆڕاگر بن، هیواتان بە تەواوی لەسەر ئەو نیعمەتە بێت کە لە ئاشکراکردنی عیسای مەسیحەوە دێت. وەک منداڵی گوێڕایەڵ، وەک کاتی نەزانی خۆتان لەگەڵ هەوەسە کۆنەکانتان مەگونجێن، بەڵکو وەک ئەوەی بانگی کردوون پیرۆزە، ئێوەش لە هەموو هەڵسوکەوتێک پیرۆز بن، چونکە نووسراوە: پیرۆز بن، چونکە من پیرۆزم.» (یەکەم پەترۆس ١: ١٣- ١٦)

جارێکی دیکە، ناسنامە و کارەکانی عیسای پاشا باوەڕداران هان دەدات و دەبنە هۆی ئەوەی کە لەپێناو شکۆدارکردنیدا گوێڕایەڵی بن.

ئەو ئەرکەی کە عیسا بە کڵێساکانی بەخشیوە، زەحمەتە و باج و بەهای دەوێت. شوێنکەوتنی عیسا بە باوەڕ و گوێڕایەڵییەوە، بەدڵنیاییەوە بەرگەگرتنی چەوسانەوە و ئازارچەشتن لەپێناو ئینجیلدا دەوێت. بەڵام کاتێک کە باوەڕداران بە ئومێدەوە چاویان لە گەڕانەوەی مەسیح دەبێت، تەماشای ڕابردوو دەکەن و ئەوەیان لەبیر دەبێت کە عیسای مەسیح کە ئێستا زیندوو بووەتەوە و لەسەر تەختی پاشایی دانیشتووە، ئەویش خزمەتکارێک بوو کە ئازاری چەشت و مرد.

عیسا بە شوێنکەوتووانی فەرمووو: «خۆزگە دەخوازرێت بەوانەی لە پێناوی ڕاستودروستی دەچەوسێنرێنەوە، چونکە شانشینی ئاسمان بۆ ئەوانە. خۆزگە

دەخوازرێـت بـە ئێـوە کاتێـک خەڵکـی جنێوتـان پێـدەدەن و دەتانچەوسـێننەوە، لەبـەر مـن هەمـوو جـۆرە بوختانێکتـان بـۆ هەڵدەبەسـتن. دڵخـۆش و شـادمان بـن، لەبـەر ئـەوەی لـە ئاسمان پاداشـتتان گەورەیـە، چونکـە پێـش ئێـوە پێغەمبەرانیشـیان ئـاوا چەوسـاندووەتەوە» (مەتـا ٥: ١٠- ١٢). پۆڵـس دواتـر دەنووسـێت: «هەمـوو ئەوانـەی دەیانـەوێ بـە لەخواترسییەوە بـە یەکبـوون لەگـەڵ عیسـای مەسیح بژیـن، دەچەوسـێنرێنەوە» (دووەم تیمۆسـاوس ٣: ١٢). باوەڕدارانیـش لـەم جیهانـە پـڕ لـە گوناهـەدا، وەکـو هەمـوو کەسـانی دیکـە، ئـازار دەچێـژن. بـەڵام بـە پێچەوانـەی ئەوانـەی کـە هێشـا لەنێـو گوناهـدا دەژیـن، شـوێنکەوتووانی عیسـای پاشـا بەڵێنـی سـزای زیاتریـان لـە لایـەن جیهانـەوە پێـدراوە کـە دوژمنـی ئەوانـە و ڕقـی لـە پـەروەردگارە و دژی گەلەکـەی دەوەسـتنەوە.

کەواتـە شـوێنکەوتووانی پاشـا دەبێـت چـی بکـەن؟ جارێکـی دیکـە، کڵێسـا دەڕوانێتە پـەروەردگار و ڕزگارکەرەکـەی کە عیسـای مەسـیحە.

ئامۆژگاری سەبارەت بە وتاردان و فێرکردن

کاتێـک کـە وتـار و فێرکـردن لەبـارەی نامەکانـەوە پێشـکەش دەکەیت، ڕاسپاردەکانی نێـردراوان ببەسـتەوە بـە ڕاسـتییەکانی ئینجیلـی نێردراوانـەوە. یـەک لەسـەر سـێی تـەواوی پەیمانـی نـوێ لـە نامـەی نێـردراوان پێکهاتـووە. کاتێـک کـە ئـەو نامانـە ڕوون دەکەیتـەوە، تیشـک بخـەرە سـەر ئـەوەی کـە چـۆن ئـەو شـتانەی کـە دەبێـت ئەنجامیـان بدەیـن ڕەگ و بناغـەی داکوتـاوە لەسـەر ئەو شـتانەی کە ڕاستین. ڕاسپاردە و پەندەکانـی ئینجیـل (ڕسـتەی داخـوازی: «دەبێـت ئـەو کارە ئەنجـام بدەیـت!») دەبێـت لـە شـیکردنەوە و لێکدانـەوەی نیعمەتـی خـودا لـە ئینجیلـدا سـەرهەڵبدات (ڕسـتەی هەواڵـی: «خـودا پێشـوەخت ئـەو کارەی کـردووە»).

بـۆ نموونـە، پەتـرۆس فەرمـان بـە خوێنەرەکانـی دەدات و دەڵێـت: «لـە هەمـوو هەڵسوکەوتێک پیـرۆز بـن» (یەکـەم پەتـرۆس ١: ١٥). ئـەوە ڕسـتەیەکی داخوازییە. بەڵام سـەرنجی ئـەوە بـدە کـە پەتـرۆس چـۆن ئـەم داخوازییـە بـۆ پیرۆزبـوون دەبەسـتێتەوە بـە شکۆی فەرمانـی هەواڵیـی بانگهێشـتی ڕزگاریـی خـودا و پیرۆزبوونـی. «وەک منداڵی گوێڕایـەڵ، وەک کاتـی نەزانـی خۆتـان لەگـەڵ هەوەسـە کۆنەکانتان مەگونجێنن، بەڵکو

وەک ئـەوەی بانگـی کـردوون پیـرۆزە، ئێـوەش لـە هەمـوو هەڵسوکەوتێک پیـرۆز بـن، چونکـە نـووسراوە: پیـرۆز بـن، چونکـە مـن پیـرۆزم» (یەکـەم پەتـرۆس ١: ١٤- ١٦). ئێمـە دەبێت بەتایبەتـی پیـرۆز بیـن چونکـە ئـەوەی کـە بانگـی کردوویـن بـۆ ڕزگاریـی، پیـرۆزە. خـودا خـۆی پیـرۆزە. گەڕانـی ئێمـە بـەدوای پیرۆزیـدا پشـت دەبەسـتێت بـەو بناغـەی پتـەوی پیرۆزبوونـی خـودا. ئەگـەر ئێمـە منداڵـی ئەویـن، ئـەوا دەبێت هـەوڵ بدەیـن هەمـوو هەڵسوکەوتێکمان وەکـو ئـەو بێـت.

شـێوازی داخـوازی و هەواڵـی، پێکهاتەیەکـی بـاوی نامەکانـی پەیمانـی نوێشـە. بـە گشـتی نامـەی ڕۆمـا و ئەفەسـۆس ئـەو شـێوازەیان پەیـڕەو کـردووە. پۆڵـس لـە (ئەفەسـۆس ١- ٣)دا بەڕوونـی باسـی دەوڵەمەنـدی نیعمەتـی خـودا دەکات کـە بەهـۆی یەکبـوون لەگـەڵ عیسـادا هەمانـە. ئـەوە دەقێکـی هەواڵییـە، واتـە بارودۆخەکـە بـەو چەشـنەیە. پاشـان لـە (ئەفەسـۆس ٤- ٦)، پۆڵـس ئـاکام و دەرنجامیـان لـێ وەردەگرێـت و بەسـەر خوێنەرەکانیـدا جێبەجێیـان دەکات و هانیـان دەدات کـە پیـرۆز بـن. ئەمەیـان دەقێکـی داخوازییـە - ئـەوەی کـە دەبێـت شـوێنی بکـەون. بـە هەمـان شـێوە، نامـەی پۆڵـس بـۆ ڕۆمـا لـە سـەرەتادا، واتـە (بەشـی ١ – ١١) لـە هـەواڵ پێکهاتـووە، دواتـر (بەشـی ١٢- ١٦) دەبێتـە داخـوازی.

ئـەم پێکهاتـەی هـەوڵ و داخوازییـە شـتێکی نـوێ نییـە، بەڵکـو شـێوازی یەزداناسـی کتێبـی پیـرۆزە کـە لەنێـو پەیمانـی کۆنـدا پەیـڕەو کـراوە. بـۆ نموونـە: «مـن یەزدانـی پەروەردگارتانـم کـە لـە خاکـی میسـرەوە دەرمهێنـان، لـە خاکـی کۆیلایەتییـەوە. هیـچ کەسـێکتان خـودای دیکـەی بێجگـە لـە منتـان نەبێـت» (دەرچـوون ٢٠: ٢- ٣).

«بـۆ ئەمـە بانگکـراون، لەبـەر ئـەوەی مەسـیحیش لـە پێناوتانـدا ئـازاری چێـژت و نموونـەی بـۆ بەجێهێشـتن، تاکـو بـە هەنگاوەکانیـدا بـڕۆن. ئـەوەی هیـچ گوناهێکـی نەکردبـوو، فڕوفێڵـی لەسـەر زار نەبـوو. ئـەوەی جنێـوی پێدەدرا و جنێـوی نەدەدایەوە، ئـازار دەدرا و هەڕەشـەی نەدەکـرد، بەڵکـو خـۆی دەدایـە دەسـت ئـەوەی حوکمـی دادپەروەرانەیـە. ئـەوەی خـودی خـۆی لـە لەشـیدا لەسـەر دار گوناهەکانمانـی هەڵگـرت، تاکـو سـەبارەت بـە گونـاە بمریـن و بـۆ ڕاستودروسـتی بژیـن. بـە برینەکانـی ئـەو چاکبوونـەوە» (یەکـەم پەتـرۆس ٢: ٢١- ٢٥؛ ئیشـایا ٥٢: ١٢ – ٥٣: ١٢).

شـوێنکەوتووانی ئـەم پاشایە بـە بـاوەڕەوە ڕووی تێدەکـەن هەتـا ئـەو کاتـەی کـە دەگەڕێتـەوە، وە لـە کۆتاییـدا ڕووبـەڕوو چاویـان پێـی دەکەوێـت.

پاشا دەگەڕێتەوە

چیرۆکـی کتێبـی پیـرۆز بـە خـودا دەسـت پێـدەکات کـە وەکـو پاشـا فەرمانڕەوایـی بەسـەر هەمـوو شـتێکدا دەکات لەگـەڵ گەلێکـی پیـرۆز کـە بە مەبەسـتی ستایشـکردنی خـودا دەژیـن. هـەر بۆیـە زۆر گونجـاوە کـە کتێبـی پیـرۆز کۆتایـی دێـت بـە بەڵێنـی ئـەوەی کـە عیسـای زینـدووی فەرمانڕەوا دەگەڕێتـەوە و ڕزگار دەکات و حوکـم دەکات و هەمـوو شـتێک نـوێ دەکاتـەوە، بـە گەلێکـی نوێشـەوە کـە خـودا جارێکـی دیکـە دڵخـۆش دەبێـت لەنێویانـدا نیشـتەجێ بێـت.

کۆتایـی چیرۆکـی کتێبـی پیـرۆز، کـە یۆحەنا لـە سـیپارەی ئاشـکراکردندا تۆماری کـردووە، بـە گۆشـەنیگایەک پێمان دەڵێـت کـە چیرۆکەکـە چـۆن کۆتایـی دێـت. وە زانینـی کۆتایـی چیرۆکەکـە بڕیـار لەسـەر ئـەوە دەدات کـە شـوێنکەوتنی مەسـیح لـە ئێسـتا و لێـرەدا، لـە ئێسـتاوە هەتـا ڕۆژی دوایـی چ واتایەکـی هەیـە. گەڕانـەوەی پاشـا ئومێدێکـی پـڕ لـە بەرەکەتـە بـۆ هەمـوو ئەوانـەی کـە متمانەیـان بـە عیسـایە. لـە کاتێکـدا شـوێنکەوتووەکانی چاوەڕێـی گەڕانـەوەی پـڕ لـە سـەرکەوتنی پاشـا دەکـەن، هـەوڵ دەدەن بـە ژیـری و ڕاستودروسـتی و لەخواترسـی بژیـن لـەم دنیایـە کـە نیعمەتـی خـودا هانیـان دەدات وەکـو کەسـانێک کـە «دڵگەرمـن بـۆ چاکـەکاری» (تیتـۆس ٢: ١١- ١٤).

بـەڵام ئەوانـەی کـە داواکارییـە جیهانییەکـەی مەسـیح بـۆ تۆبەکـردن ڕەت دەکەنەوە، ڕووبـەڕووی دادوەرییەکـی تونـد دەبنـەوە «لـە کاتـی ئاشـکراکردنی عیسـای خـاوەن شـکۆ لـە ئاسـمان لەگـەڵ فریشـتە بـە تواناکانـی لـە گـڕی ئاگـر. سـزای ئەوانـە دەدات کـە خـودا ناناسـن و گوێڕایەڵـی پەیامـی ئینجیلـی عیسـای خـاوەن شـکۆمان نابـن» (دووەم سـالۆنیکی ١: ٧- ٨). کاتێـک کـە پاشـا دەگەڕێتـەوە، یاخیبوونـی جیهانـی دژی فەمانڕەواییـە بـاش و دروسـت و پیرۆزەکـەی، لەناودەچێـت. عیسـا ڕایدەگەیەنێـت کـە «ترسـنۆک و بێبـاوەڕ و قێزەونـان، هەروەهـا بکـوژ و داوێنپیـس و جادووگـەر و بتپەرسـتان، لەگـەڵ هەمـوو درۆزنـان، بەشـیان لـە دەریاچـەی بـە ئاگـر و گۆگـرد داگیرسـاوە کـە مردنـی دووەمـە» (ئاشـکراکردن ٢١: ٦- ٨). شـەیتان کـە دوژمنـی دێرینی

خودایـه، فـڕێ دەدرێتـەوە نێـو دەریاچـەی گۆگـردەوە کـە «هەتاهەتایـە شـەو و ڕۆژ ئـازار دەدرێـت» (ئاشـکراکردن ٢٠: ١٠).

تەنانـەت لـە ڕۆژی داودوەریشـدا پاشا شـکۆدار دەبێت. بـەڵام کۆتایـی چیرۆکەکـە ڕزگارییەکـی پـڕ لـە بەخشـندەیی و میهرەبانـی لەخـۆ دەگرێـت چونکـە شانشـینی داهاتـووی خـودا لـە باوەڕدارانـی هـۆز و زمـان و نەتـەوە جیـاواز پێکدێـت. بـاوەڕدارە ڕزگاربـووەکان کـە لـە هەمـوو نەتـەوە و گەلێـک پێکهاتـوون سـوپاس و ستایشـی و ڕێزێکـی زۆر لـە شـێری هـۆزی یەهـودا دەگـرن کـە لـە نـەوەی ئیبراهیـم و داودەوە دێـت، واتـە عیسـای مەسـیحی پـەروەردگار.

بـەڵام بۆچـی؟ بۆچـی عیسـا شـایانی ڕێـز و ستایشـێکی لـەو چەشـنەیە؟ یۆحەنـا پێـمان دەڵێـت:

«سروودێکـی نوێشـیان دەگـوت: تۆ شایسـتەی ئـەوەی تۆمارەکـە ببەیـت و مۆرەکانی بکەیتـەوە، چونکـە تـۆ سـەربڕایت و بـە خوێنـی خـۆت خەڵکـت بـۆ خـودا کڕییـەوە، لـە هەمـوو خێـڵ و زمـان و گـەل و نەتەوەیـەک. ئەوانیشـت کـردە شانشـین و کاهیـن بـۆ خودامـان و فەرمانڕەوایەتـی زەوی دەکـەن.» (ئاشـکراکردن ٥: ٩- ١٠).

عیسـا شـایانیەتی چونکـە عیسـا سـەربڕدرا. زانینـی ئـەوەی کـە عیسـا خەڵکێکـی لـە هەمـوو نەتەوەیـەک لەپێنـاو نـاوی خۆیـدا کڕییـەوە هانـی بـاوەڕداران دەدات کـە ئـەم هەواڵـە خۆشـە بـە هەمـوو نەتـەوەکان ڕابگەیەنـن. نـە تەنهـا کۆتایـی چیرۆکەکـە پێشـوەخت گەلێکـی کـڕدراوە لـە هەمـوو نەتـەوەکان نیشـان دەدات، بەڵکـو هاتنـی جیهانێکـی تـەواو نـوێ دەبینیـن. پاشـاکە بەڵێنـی نوێکردنـەوەی هەمـوو شـتێک دەدات، بـە ئاسـمان و زەوییەکـی نوێشـەوە: «بەگوێـرەی بەڵێنەکـەی، ئێمـە چاوەڕوانـی ئاسـمانی نـوێ و زەوی نوێیـن، کـە ڕاستودروسـتیی تێیـدا نیشـتەجێیە. « (دووەم پەتـرۆس ٣: ١٣).

لـەم جیهانـەدا شـوێنکەوتووی مەسـیح بـە بـاوەڕەوە هەنـگاو دەنێـت، بـە چاوەڕوانـی و ئومێـدەوە لـەو شـارە دەڕوانێـت کـە دێـت، کـە خـودا نەخشـەداڕێژ و دروسـتکەرەکەیەتی. یۆحەنـا لـە سـیپارەی ئاشـکراکردندا باسـی ئەم داهاتووە شـکۆداری کـردووە: «پاشـان ئاسـمانێکی نـوێ و زەوییەکـی نوێـم بینـی، چونکـە ئاسـمانی یەکـەم و زەوی یەکـەم بەسـەرچوون، ئیـتر دەریـاش نەمـا» (٢١: ١). لـەم ئۆرشـەلیمە نوێیـەدا، کـە

شارێکی پیرۆزە، خودای پاشا جارێکی دیکە لەنێو گەلەکەیدا نیشتەجێ دەبێت. گوناە و مردن و فرمێسک و ئازار نامێنن و ئامادەبوونی خودا جێگەیان دەگرێتەوە. یۆحەنا پێمان دەڵێت: «هەموو فرمێسکێکی چاویان دەسڕێتەوە، ئیتر مردن نابێت، شیوەن و هاوار و ئازار نامێنن، چونکە شتەکانی پێشوو بەسەرچوون» (٢١: ٤).

جیهانی باشی خودا نوێ دەکرێتەوە کە ئێستا بە گوناە و مردن دەورە دراوە. شتەکانی پێشوو بەسەرچوون. مردن و ئازار و شیوەن و گریان نامێنن. هەروەها گوناە، گەندەڵی یان شەرمەزاری بوونیان نامێنێت. وە لە هەمووی باشتر، تەواوی گەلی خودا لە کۆتاییدا لەبەردەم خودای شکۆداردا دەبن، بۆ هەتاهەتایە لە خزمەت پاشاکەیاندا دەبن.

لەسەرخۆ هەموو فرمێسکێک دەسڕێتەوە. وە بەدیهێنەر جارێکی دیکە لەگەڵ بەدیهێنراوەکانیدا دەژی. بەرەکەتی هەتاهەتایی خودا جێگەی نەفرەت دەگرێتەوە و بۆ هەتاهەتایە ئازادانە چێژ لەو بەرەکەتە وەردەگرن. هەموو ئەوانەی کە مەسیحی پاشا بەدوایاندا گەڕاوە و ڕزگاری کردوون، سوپاس و ستایشی دەکەن.

کرۆک و ناوەڕۆکی پەیامی کتێبی پیرۆز بریتییە لە فەرمانڕەوایی باش و دروستی خودا لەسەر هەموو گەلەکەی و تەواوی بەدیهێنراون.[١٠] کەواتە چیرۆکی کتێبی پیرۆز چیرۆکی خودای پاشایە لەگەڵ ئامانجی پڕ لە خۆشەویستی و میهرەبانەکەی بۆ ڕزگارکردنی گەلێک بۆ خۆی تاکو لە خزمەتیدا بۆ هەتاهەتایە بە خۆشییەوە بژین. تێگەیشتن لەم چیرۆکە دەمانهێنێتە چەق و ناوەندی هەموو ڕاستییەک. عیسای پاشا، زوو وەرە.

ئامۆژگاری سەبارەت بە وتاردان و فێرکردن

کاتێک کە لەبارەی ئاسمانەوە فێرکردن و وتار پێشکەش دەکەیت، ئەو بیروبۆچوونە مەهێڵە کە ژیانی ڕۆژی دوایی بۆ باوەڕدارانی مەسیح بریتی دەبێت لە ژیانی ڕۆحی لەنێو هەورەکاندا. ئەگەر تیشک بخرێتە سەر بیروڕایەکی لەو

١٠ Graeme Goldsworthy, “Kingdom of God,” in New Dictionary of Biblical Theology, ed. T. Desmond Alexander and Brian S. Rosner (Downers Grove, IL: InterVarsity Press, 2000), 618.

شێوەیە، ئەوا ئومێدی زیندووبوونەوەی جەستە و نوێبوونەوەی هەموو شتەکان لەدەست دەدەین.

پەیمانی کۆن و نوێ دەڵێن کە گەلی خودا ماڵێکی هەتاهەتاییان لە ئاسمان و زەوییەکی نوێدا دەبێت: «بەگوێرەی بەڵێنەکەی، ئێمە چاوەڕوانی ئاسمانی نوێ و زەوی نوێین، کە ڕاستودروستیی تێیدا نیشتەجێیە» (دووەم پەترۆس ٣: ١٣؛ ئیشایا ٦٥: ١٧؛ ٦٦: ٢٢).

وەرزی پێنجەم

یەزدانناسی بەپێی کتێبی پیرۆز وتار و فێرکردنەکانی کڵێسا پێکدێنێت

ئەگەر مەسیحی پاشا بابەتی سەرەکی چیرۆکی کتێبی پیرۆز بێت، ئەوا ئەم ڕاستییە دەبێت ڕاستەوخۆ کار بکاتە سەر وتار و فێرکردنەکانی کڵێسا ناخۆیی و خۆجێییەکانمان. لەم بەشەدا دەمانەوێت بە کورتی تیشک بخەینە سەر چەند ڕێگایەکی گرنگ کە یەزدانناسی بەپێی کتێبی پیرۆز دەتوانێت هاوکاری ئەو کەسانە بکات کە لە جێگەی گەلی خودا مامەڵە لەگەڵ وشەی خودا دەکەن. پاشان هەندێک ئامرازی کردەیی دەخەینە بەردەست لەگەڵ هەنگاوەکانی دواتر بۆ ئەوەی یەزدانناسی بەپێی کتێبی پیرۆز لە وتار و فێرکردنەکانماندا بەکاربهێنین.

یەزدانناسی بەپێی کتێبی پیرۆز وەکو پارێزەر و ڕێنماییکار

یەزدانناسی بەپێی کتێبی پیرۆز پارێزەر و ڕێنوێنیکارێکی یارمەتیدەرە بۆ مامۆستایان و وتاربێژانی وشەی خودا. ئەوانەی کە بەردەوام پەیامی کتێبی پیرۆز ڕادەگەیەنن، یەزدانناسی بەپێی کتێبی پیرۆز لە دوو دوژمنی بەردەوام دەیانپارێزێت: بەکارهێنانی دەقی بێ کۆنتێکست لەگەڵ مۆراڵیزم. بە هەمان شێوە، یەزدانناسی بەپێی کتێبی پیرۆز ڕێنمایی وتاربێژ و قەشەکان دەکات و وایان لێدەکات کە چاویان لەسەر مەسیح و مزگێنیدان بێت بەجۆرێک کە پێداگری بکەن لەسەر پاڵەوانە شکۆدارەکەی تەواوی چیرۆکی کتێبی پیرۆز، کە عیسای مەسیحە.

ڕاگەیاندنی پەیامی مەسیح لە جێگەی بەکارهێنانی دەقی بێ کۆنتێکست[١١]

سەرەتا، یەزدانناسی وتاربێژ و قەشە لە بەکارهێنانی دەقی بێ چوارچێوە

---

١١ بە ئینگلیزی دەبێتە Proof Texting کە بە واتای بەکارهێنانی دەقێکی دیاریکراو دێت بەبێ لەبەرچاوگرتنی هەڵوێست و مەبەستی بنەڕەتی دەقەکە.

دەپارێزێـت، هەروەهـا ڕێنماییـان دەکات کـە لـە هەمـوو نـووسراوە پیرۆزەکانـدا پەیامـی مەسـیح ڕابگەیەنـن.

کاتێـک کتێبـی پیـرۆز بـۆ سـەلماندنی مەبەسـتێکی دیاریکـراوی خۆمـان بەکاردێنیـن بەبـێ لەبەرچاوگرتنـی کۆنتێکسـت، ئـەوا ئێمـە دەقـی بـێ کۆنتێکسـتمان بەکارهێنـاوە. دەقـی بـێ کۆنتێکسـت واتایەکـی دیاریکـراو بەسـەر دەقـدا دەسـەپێنێت لـە جێگـەی ئـەوەی کـە واتـا لـە دەقەکـەوە هەڵێنجێنیـت. ئەنجامدانـی دەقـی بـێ کۆنتێکسـت کارێکـی ئاسـانە، چونکـە پێویسـت نـاکات بـە وریایـی و جـدی و نوێـژەوە تیشـک بخەیتـە سـەر دەقەکـە بـۆ ئـەوەی لـە مەبەسـتی نووسـەر تێبگەیـت. ئەمـە کێشـەیەکی زۆر جدییـە، چونکـە ئەوانـەی کـە وشـەی خـودا بـۆ گەلـی خـودا ڕادەگەیەنـن پێویسـتە بـە جۆرێـک بدوێـت «وەک کەسـێک کـە پەیامـی خـودا ڕابگەیەنێـت، تاکـو لـە ڕێگـەی عیسـای مەسـیحەوە خـودا لـە هەمـوو شـتێکدا شـکۆدار بێـت» (یەکـەم پەتـرۆس ٤: ١١).

لـە جێگـەی خوێنـدن و لێکۆڵینەوەیەکـی ورد و سـەرنجدان لـەو دەقـەی کـە بـە سروشـی خـودا نـووسراوە، دەقـی بـێ کۆنتێکسـت بـە لەبەرچاوگرتنـی واتایەکـی پێشـبینیکراو ئیـش لەسـەر دەق دەکات. وتاربێـژ و قەشـەکان دەبێـت ئەوپـەڕی هەوڵـی خۆیـان بـدەن کـە بـە نیعمەتـی خـودا بـە دروسـتی مامەڵـە لەگـەڵ وشـەی خـودا بکـەن. « کۆشـش بکـە خـۆت بسـەلمێنی بـۆ خـودا، کارگەرێکـی بـێ شـەرمەزاری، وشـەی ڕاسـتی بـە ڕێـگای ڕاسـت لێـک بدەیتـەوە» (دووەم تیمۆسـاوس ٢: ١٥).

دەقـی بـێ کۆنتێکسـت وشـەی خـودا پارچـە پارچـە دەکات و دەیشـێوێنێت. دەق دەگۆڕێـت و فێـل دەکات. «شـتە شـاراوەکانی سەرشـۆڕیمان ڕەتکـردەوە، بـە فێڵبـازی ناکەیـن و دەسـتکاری پەیامـی خـودا ناکەیـن، بەڵکـو بـە دەرخسـتنی ڕاسـتی، بـۆ ویژدانـی هەرکەسـێک لەبـەردەم خـودا خۆمـان دەسـەلمێنین» (دووەم کۆرنسـۆس ٤: ٢). لـە جێگـەی ئاشـکراکردنی مەبەسـتی دەق بـە لەبەرچاوگرتنـی کۆنتێکسـت لـە ڕێگـەی دەرخسـتنی ڕاسـتییەوە، دەقـی بـێ کۆنتێکسـت ئـەو شـتە دەڵێـت کـە قەشـە و وتاربێژەکـە دەیەویـت دەقەکـە بیڵێـت.

پۆڵـس هانـی تیمۆسـاوس دەدات و پێـی دەڵێـت: «وشـەی خـودا ڕابگەیەنـە» (دووەم تیمۆسـاوس ٤: ٢). ئـەم «وشـەی خودایـە» لـە (دووەم تیمۆسـاوس ٣: ١٦- ١٧) بۆمـان

ڕوون کراوەتەوە: «هەموو نووسراوە پیرۆزەکان لە سروشی خودان، سوودبەخشن بۆ فێرکردن و سەرزەنشت و ڕاستەڕێکردن و لێڕاهێنان لە ڕاستودروستی، تاکو پیاوی خودا تەواو ئامادە بێت بۆ هەموو کارێکی باش». تەواوی کتێبی پیرۆز سوودبەخشە. سوودبەخش و بەکەڵکە «بۆ فێرکردن، بۆ سەرزەنشتکردن، بۆ ڕاستەڕێکردن، بۆ لێڕاهێنان». ئەو ئەرکەی کە پۆڵس فەرمانی داوە ئەنجامی بدەین بریتییە لە «فێرکردن» یان «ڕاگەیاندن» یان «بڵاوکردنەوەی» ئەم وشە بەکەڵک و سوودبەخشە.

دەقی بێ کۆنتێکست لە جێگەی ئەوەی کە وشەی بەسوودی خودا ڕابگەیەنێت، وشەی خودا بەکاردێنێت بۆ پشتگیریکردنی ئارەزووە کەسییەکانی وتاربێژ و قەشەکە. هەروەها واتای دەقەکانی کتێبی پیرۆز دەگۆڕێت و وا دەکات شتێک «بڵێت» کە لە مەبەستی دەقەکەوە دوورە. لە جێگەی بەو چەشنە بەکارهێنانی کتێبی پیرۆز، مامۆستایان و وتاربێژان دەبێت گەلی خودا بە کتێبی پیرۆز بناسێنن لە ڕێگەی بەدڵسۆزییەوە ئاشکراکردنی واتای مەبەستی دەق.

کڵێساکانی ئێمە و هەموو ئەوانەی کە گوێ لە وتار و فێکردنەکانمان دەگرن، لە ڕێگەی سەرنجدان لە شێوازی فێرکردنی کتێبی پیرۆز لە لایەن ئێمەوە فێری ئەوە دەبن کە چۆن کتێبی پیرۆز بخوێنن و لێکۆڵینەوەی لەسەر بکەن. ئەو خزمەتی فێرکردنەی کە ئایەتی دیاریکراو بەبێ لەبەرچاوگرتنی هەڵویست و بازنەی دەق بۆ خزمەتی ویست و ئارەزووی کەسیی وتاربێژ و قەشەکە بەکاردێنێت، بناغەیەکی پتەو نییە بۆ کڵێسایەکی تەندروست.

بەڵام یەزدانناسی بەپێی کتێبی پیرۆز چۆن دەتوانێت لە بەکارهێنانی دەقی بێ کۆنتێکست بمانپارێزێت؟ یەزدانناسی بەپێی کتێبی پیرۆز ڕێنمایی وتاربێژ دەکات کە لە هەموو نووسراوە پیرۆزەکاندا پەیامی مەسیح ڕابگەیەنێت. زانینی چیرۆکی گەورەی کتێبی پیرۆز یارمەتی مامۆستایان و وتاربێژان دەدات کە لە هەموو بەشێکی کتێبی پیرۆزدا پەیامی مەسیح ڕابگەیەنن.

زۆبەی کات دەقی بێ کۆنتێکست هۆکاری ئەوەیە کە نەتوانن ئەوە ببینین کە تەواوی کتێبی پیرۆز، بە تایبەتی پەیمانی کۆن، پەیوەندی بە عیسای مەسیحەوە هەیە. هەندێک کات کە لەسەر پەیمانی کۆن وتار و فێرکردن پێشکەش دەکەیت،

لەوانەیە وا هەست بکەیت کە لە کاتی پارچەپارچەکردنی مریکشدا تەماشات دەکەن. لە سەرەتادا زۆ بەباشی دەڕۆیت، بەڵام هەر زوو دەبێت هەندێک بڕیاری زیرەکانە بدەیت، وە ڕێی تێدەچێت کە لە کۆتاییدا نارێکی و ئاڵۆزییەکی زۆر وەبار دێنێت بە جۆرێک کە چەندین پارچەت لێ بەجێدەمێنێت کە کەس نازانێت چییان لێ بکات.[12] بەداخەوە کە وتاربێژ و قەشەیەکی زۆر پەیوستن بە بەکارهێنانی بەبێ کۆنتێکستی پەیمانی کۆن، لە جێگەی ئەوەی کە لە پەیمانی کۆندا پەیامی مەسیح ڕابگەیەنن.

ئەگەر تەواوی چیرۆکی کتێبی پیرۆز نەزانیت، ئەوا خۆت لەو دەقانە لادەدەیت کە بەلاتەوە ئاشنا و ڕوون نین. بەڵام ئەگەر بەباشی لە مەبەستی سەرەکی چیرۆکی کتێبی پیرۆز تێبگەیت، کە عیسای مەسیح پاڵەوانی سەرەکییەتی، تەنانەت دەتوانیت فێرکردن یان وتار لەو بەشانە پێشکەش بکەیت کە شاراوە و ناڕوون دەردەکەون.

بۆ نموونە، یەزدانناسی بەپێی کتێبی پیرۆز، چۆن ڕێنمایی وتاربێژ دەکات کە لە سیپارەی لێڤییەکان فێرکردن پێشکەش بکات؟ با بڵێین کە گەیشتوویتەتە بەشی ١٣ - ١٥، کە باسی یاسای پاککردنەوەی کەسی گەڕوگول و یاساکانی تایبەت بە لێچوونی جەستەیی دەکات. کاتێک کە بەوردی دەڕوانینە (لێڤییەکان ١٣ - ١٥)، دەبینین کە بڕگەیەکن لە بەشێکی گەورەتری سیپارەکە کە زۆربەی کات بە ڕەمزی پاکوخاوێنی ناودەبردرێت (لێڤییەکان ١١ - ١٥). یاساکانی مامەڵە لەگەڵ جیاکردنەوەی شتی پاک و پیسدا دەکات.

ئامانجی سەرەکی سیپارەی لێڤییەکان ئەوەیە کە وەڵامی ئەو پرسیارە بداتەوە کە چۆن گەلێکی ناپیرۆز دەتوانن لەبەدەم خودایەکی پیرۆزدا نیشتەجێ بن. ئەو پێداگرییەی کە لەم بەشانەدا خراوەتە سەر گەڕوگول و لێچوونی جەستەیی دەریدەخەن کە چۆن ناپاکبوون دەبێتە هۆی گڵاوبوون.

بۆ نموونە، کەسێکی نەخۆش دەبوا هاواری بکردبا و بیگوتبا: «گڵاو! گڵاو!» (لێڤییەکان ١٣: ٤٥). ئەو پیسەی کە لە گەڕوگولییەوە سەرچاوە دەگرت دەبووە هۆی گڵاوبوون کە ئەوەش گۆشەگیری و دەرکردنی لەگەڵ خۆی دەهێنا. «هەموو

١٢ ئەم بەرواردە بە دەستکارییەوە لە (ئاندرو ئێرینگتۆن)ەوە وەرگیراوە کە لەم پەڕتووکەدا ئاماژەی پێکراوە: Brian S. Rosner, Paul and the Law: Keeping the Commandments of God, New Studies in Biblical Theology (Downers Grove, IL: IVP Academic 2013), 25.

ئـەو ڕۆژانـەی نەخۆشـییەکەی پێوەیـە گڵاو دەبێـت، گڵاوە و بـە تەنهـا دەژیێـت، دەرەوەی ئـۆردوگا دەبێتـە جێـی مانـەوەی» (لێڤییـەکان ١٣: ٤٦). ئـەو ئیسرائیلییانـەی کـە بەپێـی دابونەریـت گڵاو بـوون، دەبـوا لـە خزمەتـی خودایـان بڕۆشـتبان و بڕۆنـە دەرەوەی ئـۆردوگا. چوونـە دەرەوە لـە ئـۆردوگای ئیسرائیـل واتـە دوورکەوتنـەوە لە خودا بـۆ ماوەیەکـی کاتـی، کـە بـە شـکۆمەندییەوە لەنێـو چادری پەرستندا نیشـتەجێ بـوو.

هـەر کەسـێک دەسـتی بـەر کەسـێکی گەڕوگـول بکەوتبـا یـان کەسـێک کـە نەخۆشـی لێچوونـی جەسـتەیی هەبوایـە، ئـەو ئەویـش گڵاو دەبـوو و پێویسـتی بـە پاکبوونـەوە دەبـوو. یـەزدان داوای لـە موسـا کـرد کـە پێویسـتە ئـەم یاسایانەی تایبەتـن بـە پاکبوونـەوە جێبەجـێ بکـەن تاکـو ئۆردوگاکـە بـە پیـرۆزی ڕابگیردرێـت. «جـا نـەوەی ئیسرائیـل جیـا بکەنـەوە لـەو شـتانەی گڵاویـان دەکات، بـا لـە گڵاویـدا نەمـرن و نشـینگەکەم کـە لەنێویاندایـە گڵاوی نەکـەن» (لێڤییـەکان ١٥: ٣١).

کەواتـە یەزداننـاسـی بەپێـی کتێبـی پیـرۆز چـۆن یارمەتیـمان دەدات کـە لـەم سـێ بەشـەی لێڤییـەکان تێبگەیـن و بەدڵسـۆزییەوە باسـی بکەیـن؟

وەکـو چـۆن دواتـر دەیبینیـن، بناغـە و بنەمـای یەزداننـاسـی بەپێـی کتێبـی پیـرۆز بریتییـە لـە خوێنـدن و لێکۆڵینەوەیەکـی ورد و پڕاوپڕ لـە نوێـژی دەقـی کتێبـی پیـرۆز، وە ڕێگـەدان بـە کتێبـی پیـرۆز کـە خـۆی واتـای خۆیـمان نیشـان بـدات. پێویسـتە وتاربێـژ بەباشـی ورد ببێتـەوە و دەقەکـە لـە هەڵوێسـت و بازنـەی بنەڕەتـی خۆیـدا بخوێنێـت، ئینجـا بکشـێتەوە بـۆ ئـەوەی بزانێـت کـە چـۆن ئـەو دەقـە لەنێـو چیرۆکـی گـەورەی کتێبـی پیـرۆزدا جێگـەی دەبێتـەوە کـە عیسـا پاڵەوانـی چیرۆکەکەیـە. دوای گەنگەشـەکردنێکی ورد و دڵسـۆزانەی واتـای ئـەم سـێ بەشـەی لێڤییـەکان بـە لەبەرچاوگرتنـی بازنـەی مێژوویـی دەقەکـە، دەبێـت بپرسـین کـە ئاخـۆ چیرۆکـی کتێبـی پیـرۆز چ شـتێکمان لەبـارەی (لێڤییـەکان ١٣ - ١٥)ەوە پـێ دەڵێـت. چەندیـن پەیوەنـدی سـەرنجڕاکێش لەنێـوان ئـەم یاسـایەنەی تایبـەت بـە پاکبوونـەوە و کار و خزمەتـی عیسـای مەسـیحدا هەیـە کـە لـە ئینجیلەکانـدا تۆمـار کـراون.

بەڕاستی جێگـەی سـەرنجە کـە کاتێـک عیسـا دەسـتی لـە پیـاوە گەڕوگولەکـە و ئـەو ژنـە دا کـە نەخۆشـی خوێنبەربوونـی هەبـوو، عیسـا گڵاو نەبـوو، بەڵکـو، ئەوانـی پـاک کـردەوە.

لۆقا هەر دوو ڕووداوەکەی تۆمار کردووە:

«کاتێک عیسا لە یەکێک لە شارەکان بوو، پیاوێک هات کە بە تەواوی گول ببوو. کە عیسای بینی خۆی بە زەویدا دا و لێی پاڕایەوە: گەورەم، ئەگەر بتەوێت، دەتوانیت پاکم بکەیتەوە. عیساش دەستی بۆ درێژکرد و دەستی لێدا، فەرمووی: دەمەوێت، پاك بەرەوە. ئیتر یەکسەر گولییەکەی لێبووەوە.« (لۆقا ٥: ١٢- ١٣)

«ژنێك دوازدە ساڵ خوێنبەربوونی هەبوو، هەموو ئەوەی هەیبوو دابووی بە پزیشك، کەسیش نەیتوانی چاکی بکاتەوە. جا لە دواوە هات و دەستی لە چمکی کراسەکەی عیسا دا، دەستبەجێ خوێنبەربوونەکەی وەستا.» (لۆقا ٨: ٤٣- ٤٤)

هەر دوو دەقەکە پێداگری لەسەر ئەوە دەکەن عیسا دەستی لەو کەسانە داوە یاخود ئەو کەسانە دەستیان لێداوە کە نەخۆشیی جەستەییان هەبووە کە بەوهۆی گۆشەگیر بوون و ڕسوابوونیان چونکە بەپێی ڕێوڕەسم و دابونەریتی ئایینی گڵاو بوون. لەگەڵ ئەوەشدا، دەستدان لە کەسێکی گەڕوگول نەبووە هۆی گڵاوبوونی عیسا. عیسا کە کەسە پیرۆزەکەی ئیسرائیلە، دەتوانێت گڵاو پاک بکاتەوە. بێگومان نووسەرانی ئینجیل تەنها بەوەوە ناوەستن.

هەموو ئینجیلەکان بە مردن و زیندووبوونەوەی مەسیح کۆتاییان دێت. عیسا لە کۆتاییدا لە خاچ دەدرێت کە بەهۆیەوە نەفرەتی گوناه دەگرێتە خۆ. عیسا لەسەر خاچ ئازاری دەرەوەی ئۆردوگاکەی چەشت، لە کاتێکدا لە خودا جودا دەبووە، بەرگەی سوکایەتی و سەرزەنشتی گەلەکەی گرت و هەروەها لەسەر خاچ بەرگەی نەفرەتی خودای هەرەبەتوانای گرت. عیسا لەسەر خاچ کۆتا پاکبوونەوەی بۆ گەلەکەی مسۆگەر کرد. بەو جۆرەی کە نووسەری عیبرانییەکان پێمان دەڵێت: «لەبەر ئەوە عیساش لە دەرەوەی دەرگای شار ئازاری چێژت، تاکو بە خوێنی خۆی گەل پیرۆز بکات» (عیبرانییەکان ١٣: ١٢).

کەواتە یەزدانناسی بەپێی کتێبی پیرۆز یارمەتی وتاربێژ و قەشە دەدات، چونکە ڕێنماییان دەکات بە ئاراستەی ئەم جۆرە شیکردنەوەی دەقە کە لە (لێڤییەکان ١٣ - ١٥)دا بینیمان کە ئەویش بریتییە لە شیکردنەوەیەکی مزگێنیدەرانە کە عیسا کۆڵەکە و چەقی بابەتەکەیە. لە جێگەی دەقی بێ چوارچێوە، دەبێت ئەوپەڕی

هەوڵی خۆمان بخەینە گەڕ کە دڵسۆزانە مەسیح لە هەموو سیپارەکانی کتێبی پیرۆزدا ڕابگەیەنین.

ڕاگەیاندن و بڵاوکردنەوەی پەیامی عیسا لە جێگەی مۆراڵیزم

دووەم، یەزدانناسی بەپێی کتێبی پیرۆز وتاربێژ لە مۆراڵیزم دەپارێزێت و ڕێنمایی دەکات لە نیشاندانی ئەوەی کە چۆن عیسا پاڵەوانی تەواوی چیرۆکەکەیە.

ئەو وتارانەی کە بە مۆراڵیزم دەورە دراون تەنها تیشک دەخەنە سەر تایبەتمەندی ئەرێنی و نەرێنی کەسایەتییەکی نێو کتێبی پیرۆز لەپێناو چاککردنی و گۆڕینی هەڵسوکەوت و ڕەفتاردا. مۆراڵیزم هانی گوێگر دەدات کە ڕەفتار و ئاکاری چاک بکات؛ گوێگریش لەسەر حیسابی ئینجیل ئەو کارە دەکات، واتە زیان بە ئینجیل دەگەیەنێت. ئەمەش کێشەیەکی گەورەیە، چونکە وەکو چۆن بینیمان، کتێبی پیرۆز تەنها بەرنامەیەکی چاکسازی هەڵسوکەوت و ڕەفتار نییە. هەواڵی خۆشی ئینجیلی پیرۆز ڕابەری گۆڕین و چاککردنی ڕەوشت و ئاکار نییە. قەشە و مامۆستایان داوایان لێکراوە کە مەسیح ڕابگەیەنن (کۆلۆسی ١: ٢٨). نووسراوە پیرۆزەکان دەتوانن لە ڕێگەی باوەڕ بە عیسای مەسیح بتکەنە دانا بۆ بەدەستهێنانی ڕزگاری (دووەم تیمۆساوس ٣: ١٥). کەواتە لە هەر دەقێک وتار پێشکەش دەکەیت، تۆ وتارەکەت تەواو نەکردووە هەتا ئەو کاتەی کە ڕوونی دەکەیتەوە چۆن ئەو دەقە ئاماژە بە عیسا دەکات و شکۆی ڕادەگەیەنێت.

یەزدانناسی بەپێی کتێبی پیرۆز یارمەتیشمان دەدات کە دڵسۆزانە لەبارەی دەقێکەوە وتار بدەین، بۆ نموونە (یەکەم ساموئێل ١٧) کە باسی چیرۆکی داود و گولیات دەکات. ئەم چیرۆکە تەنها باسی ئەوە ناکات کە چۆن ڕووبەڕووی کێشە زەبەلاحەکانی ژیانمان ببینەوە. وە ئامانجی دەقەکەش ئەوە نییە کە تیشک بخرێتە سەر بوێری و ئازایەتی داود. گومان لەوەدا نییە کە داود ئەوپەڕی بوێری نیشان دا کە ڕووبەڕووی گۆلیاتی پاڵەوان بووەوە. ئەگەر بێتو کاتێک لەبارەی ئەم دەقەوە لە کڵێساکەماندا وتار دەدەین باسی ئەوە بکەین کە «داود بەڕاستی بوێر و ئازا بوو؛ بۆیە پێویستە ئێمەش هەوڵ بدەین و تێبکۆشین وەکو ئەو بوێر بین»، ئەوا ئێمە بەتەواوی سوکایەتی و بێڕێزیمان بە مەسیح کردووە، کە شایانی هەموو شکۆ و ستایشێکە.

یەزدانناسی بەپێی کتێبی پیرۆز لە ڕێگەی دوورخستنەوەمان لەم جۆرە وتارانە، لە بەرامبەر مۆراڵیزمدا دەمانپارێزێت. لەوانەیە داود پاڵەوانی ئەم چیرۆکە بێت، بەڵام مەسیح پاڵەوانی تەواوی کتێبی پیرۆزە.

زۆبەی کات کتێبی پیرۆز کەسایەتییەکان دەکات بە نموونە. (عیبرانییەکان ١١) ئاماژەی بە پاڵەوانانی باوەڕ کردووە، کە داودیشی تێدایە (عیبرانییەکان ١١: ٣٢-٣٤). کەواتە، ڕاستە کە داود نموونەیەکی ئەرێنییە بۆ باوەڕداران. بەڵام کاتێک کە بەوردی و بە ئەنجامدانی نوێژ و نزا، (یەکەم ساموئێل ١٧) دەخوێنینەوە، دەبینین کە کەسێکی مەزنتر لە داود لێرەدایە! کاتێک کە هەندێک دەکشێینەوە و ئەم دەقە لەنێو چیرۆکی کتێبی پیرۆزدا دادەنێین، دەبینین کە پەیوەندیگەلێکی زۆر مەزن دەبینین سەبارەت بە پاشایەکی مەزنتر.

وەک دەزانین داود کە سەربە هۆزی یەهودا بوو (یەکەم ساموئێل ١٦: ١؛ (لەگەڵ پەیدابوون ٤٩: ١٠ بەراوردی بکە) و لە شاری بێتلەحم لەدایک بوو (یەکەم ساموئێل ١٦: ٤)، پاشایەکی بە ڕۆح دەستنیشانکراو بوو (یەکەم ساموئێل ١٦: ١٣) کە لە ڕێگەی باوەڕ و پەیوەندی گەموگوڕی لەگەڵ یەزدان (١٧: ٢٦، ٣٦، ٤٥- ٤٦) وەکو نوێنەری گەلەکەی پاڵەوانانە هەڵسوکەوتی کرد (١٧: ٤٨- ٥١)، بۆ ئەوەی دوژمنێکی زۆر بەهێز لەناو ببات (١٧: ٤- ٧)، هەروەها بۆ ئەوەی سوود و قازانجە شکۆدارەکانی سەرکەوتنەکەی بەهێز و پتەو بکات (١٧: ٨- ٩، ٥٢- ٥٤) بۆ گەلێکی ترسنۆک و بێ باوەڕ و ناشایستە (١٧: ٢٤). ئەگەر ئەم دەقە بە هاوێنە و لێنزی یەزدانناسی بەپێی کتێبی پیرۆز لە وتار و فێکردنەکاندا باس بکەین، ئەوا دەتوانین ئەوە ببینین کە چۆن چوارچێوەی کتێبی پیرۆز ئاماژە بە داودێکی مەزنتر دەکەن، ئەوەی کە کوڕی داود و هاوکات پەروەردگاریشیەتی (لۆقا ٢٠: ٤١- ٤٤)، ئەوەی کە مەزنترین پاڵەوانی کتێبی پیرۆزە. ئەم جۆرە فێرکردن و وتارە تیشک دەخاتە سەر خودی دەقەکە، هەروەها سەرنجی کۆنتێکستی کتێبی پیرۆز دەدات کە بەرەو مەسیحمان دەبات.

هەروەها سەرنجی ئەوەش بدە کە چۆن یەزدانناسی بەپێی کتێبی پیرۆز لە مۆراڵیزم دەمانپارێزێت لە چیرۆکی شەمشون کە لە (ڕابەران ١٣ - ١٦)دا هاتووە. ژیانی شەمشون تەنها خۆپاراستن نییە لە هەبوونی پەیوەندی لەگەڵ بێباوەڕاندا.

شەمشـون پەیوەنـدی نادروسـتی لەگـەڵ ژنـان دەبەسـت (١٤: ٣؛ ١٦: ٤- ٥)، بـە ژنـی لەشفرۆشیشـەوە (١٦: ١). وە بـە ئەنجامدانـی ئـەو کارە، لاسـایی بەدڕەوشـتیی ڕۆحـی گەلـی ئیسرائیلـی کـردەوە کە شـوێن ژن و خوداوەنـدە بێگانەکان کەوتبـوون (دەرچوون ٣٤: ١٥- ١٦؛ دواوتـار ٧: ٣- ٤؛ ڕابـەران ٣: ٦؛ یەرمیـا ٣: ١- ٢). بـەڵام ئەگـەر ئاسـتی ئـەم دەقـە نـزم بکەینـەوە و بڵێیـن «شەمشـون لەگـەڵ ژنێکـی خراپـدا پەیوەنـدی دروسـت کـرد؛ کەواتـە وەکـو شەمشـون مەبـن»، ئـەوا کەوتووینەتـە نێـو چاڵـی مۆرڵیزمـەوە.

ژیـان و مردنـی شەمشـون قووڵیـی گوناهـی ئیسرائیـل وەکـو نەتـەوە نیشـان دەدات. ڕابـەرە گەنـدەڵ و خراپەکانـی گـەل، گەندەڵیـی گـەل نیشـان دەدەن. سـیپارەی ڕابـەران بـە گشـتی و کار و خزمەتەکـەی شەمشـون بـە تایبەتـی، نیشـانی دەدەن کـە ئیسرائیـل چەنـدە پێویسـتی بـە پاشـایەکی بـاش و ڕاستودروسـت و پیـرۆز هەیـە (ڕابـەران ١٧: ٦؛ ١٨: ١؛ ١٩: ١؛ ٢١: ٢٥).

کاتێـک کـە توانیـمان ئـەم بابەتـە لـە سـیپارەی ڕابەرانـدا ببینیـن، ئـەوا دەتوانیـن بکشـێینەوە و چیرۆکـی شەمشون ببەستینەوە بە چیرۆکـی گەورەتری کتێبـی پیرۆزەوە. ئـەوەی کـە بۆمـان دەردەکەوێـت ئەوەیـە کـە زۆرێـک لـە هێـما دەقییـەکان دەبنـە هـۆی دەسـتەبەرکردنی بـەراورد و جیـاوازی دەقەکانـی ئینجیـل لەنێـوان شەمشـون و عیسـادا. سـەرنجی ئـەوە بـدە کـە لـە چیرۆکـی شەمشـوندا فریشـتەیەک لـە ئیسرائیلـدا بـە ژنێکـی نەزۆکـی ڕاگەیانـد کـە سـکی پـڕ دەبێـت و منداڵێکـی دەبێـت کـە دەبێتـە ڕزگارکاری ئیسرائیـل (٢: ١٦، ١٨؛ ١٣: ١- ٥).

ئـەم ڕزگارکارە بەهێـز بـوو، وە یـەزدان بەرەکەتـداری کـرد (ڕابـەران ١٣: ٢٤). ڕۆحـی یـەزدان هێـز و توانـای بـە کار و خزمەتـە مەزنەکـەی بەخشـی (١٣: ٢٥؛ ١٤: ٦، ١٩؛ ١٥: ١٤). وە ئـەم ڕزگارکارە کـە لـە لایـەن خـوداوە دەسـتنیشـانکرابوو، کەسێکـی ئەوەنـدە نزیـک کـە دەتوانێـت ماچـی بـکات، لـە بەرامبـەر هەندێـک زیـودا ناپاکـی بەرامبـەر دەکات و دەیداتـە دەسـت دوژمنەکانـی (١٦: ٥). قۆڵبەسـت کـرا و بـەرەو مەرگیـان بـرد (١٦: ٢١)، بـە دوژمنـە گاڵتەچییەکانـی دەورە درابـوو (١٦: ٢٣- ٢٥). شەمشـون بـە باوەشـی کـراوە (١٦: ٢٩)، نوێـژی بـۆ یـەزدان کـرد و داوای هێـزی لـێ کـرد بـۆ ئـەوەی تۆڵـە لـە دوژمنەکانـی بکاتـەوە (١٦: ٢٨) لـە ڕێگـەی مردنیـی خۆیـەوە (١٦: ٣٠).

بەڵام کۆتا نوێژ و نزای بۆ تۆڵەکردنەوە بوو نەک بەزەیی و میهرەبانی (لۆقا ٢٣: ٣٤). یەزدانناسی بەپێی کتێبی پیرۆز یارمەتیمان دەدات ئەوە ببینین کە چۆن عیسا، نەک شەمشون، دەبێت وەک کۆتا ڕزگارکار و دادوەر و پاڵەوانی کتێبی پیرۆز ڕابگەیەنرێت.

مۆراڵیزم تەنانەت لە کاتی وتاردان لە پەیمانی نوێشدا، دەکرێت ببێتە هۆی سەرهەڵدانی کێشە و گرفت. یەزدانناسی بەپێی کتێبی پیرۆز دەمانپارێزێت لە مۆراڵیزم و ڕێنماییمان دەکات کە چاومان لەسەر عیسا دابنێین، تەنانەت کاتێک کە لەبارەی ئینجیلەکانەوە وتار و فێرکردن پێشکەش دەکەین.

ئەم پێوەر و بنەمایە دەمانپارێزێت لەوەی کە کاتێک دەقێک دەخوێنینەوە، نەپرسین: ئاخۆ ئەم دەقە چ شتێکم لەبارەی خۆمەوە پێ دەڵێت؟ یان ئەوەی کە تووشی وەسوەسە بین و بپرسین: لەم چیرۆکەدا لە کێ دەچم؟ لە جێگەی ئەم پرسیارانە یەکەم جار و پێش هەموو شتێک دەبێت بپرسین کە ئاخۆ ئەم دەقە چ شتێکم لەبارەی عسای پەروەردگارەوە پێ دەڵێت؟

بۆ نموونە، با باسی بەسەرهاتی تاقیکردنەوەی عیسا بکەین لە لایەن شەیتانەوە، کە لە سەرەتای خزمەتە زەمینییەکەیدا لە چۆڵەوانی ڕوویدا. ئەم بەسەرهاتە لە (لۆقا ٤: ١- ١٣)دا هاتووە.

«عیسا پڕ ببوو لە ڕۆحی پیرۆز کە ڕووباری ئوردونی بەجێهێشت، ڕۆحەکە بەرەو چۆڵەوانی ڕێنمایی کرد. چل ڕۆژ ئیبلیس تاقی دەکردەوە. بە درێژایی ئەو ڕۆژانە هیچی نەخوارد، کاتێک ماوەکە تەواو بوو برسی بوو. ئیبلیس پێی گوت: «ئەگەر تۆ کوڕی خودایت، بەم بەردە بڵێ با ببێتە نان.» عیسا وەڵامی دایەوە: «نووسراوە: [مرۆڤ تەنها بە نان ناژییێت.]» ئینجا ئیبلیس عیسای بردە شوێنێکی بەرز و لە چاوتروکانێکدا هەموو شانشینەکانی جیهانی پیشان دا و پێی گوت: «هەموو ئەم دەسەڵات و شکۆیەی ئەوان دەدەمە تۆ، چونکە دراوەتە من و منیش ددیدەم بە هەرکەسێک کە بمەوێت. لەبەر ئەوە ئەگەر لەبەردەمم کڕنۆش ببەیت، هەمووی بۆ تۆ دەبێت.» عیساش وەڵامی دایەوە: «نووسراوە:

[کڕنۆش بۆ یەزدانی پەروەردگارت دەبەیت و تەنها ئەو دەپەرستیت.]»

ئینجا ئیبلیس بۆ ئۆرشەلیمی برد و لەسەر گوێسەبانەی پەرستگا ڕایگرت و پێی گوت: «ئەگەر تۆ کوڕی خودایت لێرەوە خۆت هەڵبدە خوارەوە. لەبەر ئەوەی نووسراوە:

«[سەبارەت بە تۆ فەرمان بە فریشتەکانی دەدات، بۆ ئەوەی بتپارێزن، لەسەر دەستیان هەڵتدەگرن تاکو پێت بەر بەردێک نەکەوێت.]»

عیساش وەڵامی دایەوە: «گوتراوە: [یەزدانی پەروەردگارتان تاقی مەکەنەوە.]» کاتێک ئیبلیس هەموو تاقیکردنەوەیەکی تەواو کرد، بەجێی هێشت هەتا دەرفەتێکی دیکە.»

ئەو ڕاستییە بنەڕەتییەی کە لەم دەقەوە فێری دەبین بریتی نییە لە «چۆن وەکو عیسا ڕووبەڕووی تاقیکردنەوە و وەسوەسە ببینەوە». زانینی دەقەکانی کتێبی پیرۆز بە مەبەستی نەکەونە تەڵەی وەسوەسەوە، مەبەستی لاوەکی دەقەکەیە. پێویستە وشەی خودا لە دڵماندا بشارینەوە کە ناهێڵێت لە کاتی تاقیکردنەوە و وەسوەسەدا گوناە دژی خودا بکەین.

بەڵام ئەگەر ئەم دەقە بەرتەسک بکەینەوە و بڵێین کە «عیسا تاقی کرایەوە و ڕووبەڕووی وەسوەسە بووەوە. ئەو بەم شێوەیە دژی تاقیکردنەوەی شەیتان وەستایەوە. کەواتە با وەکو عیسا بین»، ئەوا مەبەستی سەرەکی دەقەکەمان لەدەستداوە. ئەم دەقە بابەتی زۆتر لەخۆ دەگرێت و یەزدانناسی بەپێی کتێبی پیرۆز هاوێنە و لێنزی پێویستمان بۆ بینینی پێ دەبەخشێت.

لۆقا پێشتر ڕوونی کردووەتە کە عیسا کوڕی خۆشەویستی خودایە. لە کاتی لەئاوهەڵکێشانی عیسادا، «دەنگێک لە ئاسمانەوە هات: تۆ کوڕی خۆشەویستمی، بە تۆ زۆر دڵشادم» (لۆقا ٣: ٢٢). ئینجا لۆقا باسی ڕەچەڵەکی عیسا دەکات کە لە ئادەمی کوڕی خودا دەگاتە لوتکە (لۆقا ٣: ٣٨). وە کاتێک کە چیرۆکی تاقیکردنەوە و وەسوەسەکەی عیسا دەخوێنینەوە، دەبینین کە هەموو ئەو ئایەتانەی کە عیسا لە کاتی شەڕکردنی لەگەڵ شەیتان بەکاریدەهێنێت، پەیوەندی بە تاقیکردنەوەکەی ئیسرائیلەوە هەیە لە چۆڵەوانی (دواوتار ٨: ٣؛ ٦: ١٣، ١٦). ئیسرائیل لە (دەرچوون ٤: ٢٢)دا بە کوڕی نۆبەرەی خودا ناوزەد کراوە؛ گەلی ئیسرائیل لە چۆڵەوانیدا تاقی کرانەوە و زۆر بە خراپی شکستیان خوارد.

کاتێـک کـە هەندێـک دەکشـێینەوە دواوە، ئـەوا چەندیـن لایەنـی هاوبەشـی نێـوا تاقیکردنەوەکەی عیسـا و تاقیکردنەوەکـەی گەلـی خـودا لـە چۆڵەوانیـدا دەبینیـن، کـە لـە (دواوتـار ٨: ٢- ٣)دا باسـی کـراوە:

«هەمـوو ئـەو ڕێگایانەشـتان لـە یـاد بێت، کـە یەزدانـی پەروەردگارتان لە مـاوەی ئەم چـل سـاڵە لـە چۆڵەوانیـدا ئێـوەی پێـدا بـرد هەتـا بێفیزتـان بـکات و هەڵتانبسـەنگێنێت تاکـو ئـەوەی لەنـاو دڵتانـە بیزانێـت، ئاخـۆ فەرمانەکانـی پەیـڕەو دەکـەن یـان نـا. جـا بێفیـزی کـردن و برسـی کـردن و مەنـی دەرخـوارد دان، کـە پێشـتر نەتاندەزانـی و باوباپیرانتیشـتان نەیاندەزانـی هەتـا فێرتـان بـکات کـە مـرۆڤ تەنهـا بـە نـان ناژیێـت، بەڵکـو بـە هـەر وشـەیەک کـە لـە دەمـی یەزدانـەوە دێتـە دەرەوە.»

چـۆن یەزداناسـی بەپێـی کتێبـی پیـرۆز لـە بەرامبـەر مۆراڵیزمـدا دەمانپارێزێـت و یارمەتیـمان دەدات عیسـا وەکـو پاڵەوانـی ئـەم دەقـەی کتێبـی پیـرۆز ببینیـن؟ کاتێـک کـە چاومـان لەسـەر عیسـایە، ئـەوا بۆچوونـی خۆمـان بەسـەر دەقەکـەدا زاڵ ناکەیـن. لۆقـا بۆمـان ڕوون دەکاتـەوە کـە عیسـا چەنـدە جیـاوازە لـە ئـادەم و ئیسرائیـل. ئـادەم، کـوڕی ناپاکـی خـودا، لـە لایـەن مارەکـەوە تاقـی کرایـەوە بـۆ ئـەوەی متمانـەی بـە خـودا لەدەسـت بـدات و ئارەزووەکانـی خـۆی لـە لـە باخچـەی عـەدەن لـە بەهەشـتدا تێـر بـکات (پەیدابـوون ٣: ١، ٦). ئـادەم کەسـێکی ناپـاک بـوو و شکسـتی خـوارد. بـەڵام عیسـا دڵسـۆز بـوو و نەکەوتـە نێـو داو و تەڵەکـەی شـەیتانەوە (لۆقـا ٤: ٣- ٤).

ئیسرائیـل، کـوڕە ناپاکەکـەی خـودا (دەرچـوون ٤: ٢٢)، لـە ڕووبـار پەڕییـەوە (دەرچـوون ١٤: ٢١- ٣١)، وە دەسـتبەجێ خـودا بـەرەو چۆڵەوانـی ڕێنمایـی کـرد، کـە لەوێـدا بـۆ مـاوەی ٤٠ سـاڵ تاقـی کرانـەوە (دواوتـار ٨: ٢). ئیسرائیـل ناپـاک بـوو و شکسـتی خـوارد. بـەڵام عیسـا، کـوڕە دڵسـۆزەکەی خـودا، لـە ڕووبـار پەڕییـەوە (لۆقـا ٣: ٢١) و دەسـتبەجێ ڕۆحـی پیـرۆز بـەرەو چۆڵەوانـی ڕێنمایـی کـرد، کـە لەوێـدا بـۆ مـاوەی ٤٠ ڕۆژ تاقـی کرایـەوە (لۆقـا ٤: ١- ٢). بـەڵام لـە کاتێکـدا کـە ئـادەم و ئیسرائیـل شکسـتیـن خـوارد، عیسـا سـەرکەوتنی بەدەسـتهێنا.

کەواتـە چـۆن (لۆقـا ٤: ١- ١٣) لـە بنەڕەتـدا باسـی ئـەوە دەکات کـە چـۆن دژی وەسوەسـە و تاقیکردنـەوە بوەسـتینەوە؟ یاخـودا لـە بنەڕەتـدا باسـی عیسـا دەکات

کە کوڕی دڵسۆز و گوێڕایەڵی خودایە؟ (فیلیپی ٢: ٨؛ عیبرانییەکان ٤: ١٤؛ یەکەم پەترۆس ٢: ٢٢- ٢٣)؟

یەزدانناسی بەپێی کتێبی پیرۆز یارمەتیمان دەدات پەی بەوە ببەن کە ئێمە هەموومان وەکو ئادەم و ئیسرائیل و ناپاک و سەرپێچیکار بووین. هەمووممان لە بەرامبەر تاقیکردنەوە و وەسوەسەدا شکستمان خواردووە و دژی خودا گوناهمان کردووە. بەڵام عیسا کوڕی کامڵ و تەواوی خودایە کە دڵسۆز و گوێڕایەڵە و بەو هۆیەوە شایانی هەموو ستایش و شکۆمەندییەکە.

کەواتە لەم دەقەدا، یەزدانناسی بەپێی کتێبی پیرۆز یارمەتیمان دەدات چاومان لەسەر عیسا بێت، کە پاڵەوانی چیرۆکەکەیە. لە جێگەی ئەوەی نەخشەی چۆنیەتی ڕووبەڕووبوونەوە لەگەڵ تاقیکردنەوە و وەسوەسەدا بکێشین، تەنانەت هۆکاری زۆرترمان بۆ شکۆدارکردنی عیسا دەستکەوت کە کوڕی دڵسۆز و گوێڕایەڵی خودایە و هەر لە سەرەتای خزمەتە زەمینییەکەیدا تووشی وەسوەسە بوو، بەڵام لەگەڵ ئەوەشدا هیچ گوناهێکی نەکرد. ئێمەش وەکو ئادەم و ئیسرائیل سەرپێچیمان کردووە و شکستمان خواردووە. بەڵام لەو شوێنەی کە ئێمە تاقی کراینەوە و گوناهمان کرد، عیسا کە کوڕی دڵسۆز و خۆشەویستی خودایە، گوناهی نەکرد.

ڕوونە کە یەزدانناسی بەپێی کتێبی پیرۆز وتار و فێرکردنی کڵێسای خۆجێیی و ناوخۆیی پێکدێنێت. بەڵام هێشتا دەبێت وەڵامی ئەم پرسیارە بدەینەوە: چۆن دەبێت؟ چۆن کەسێک دەتوانێت یەزدانناسی بەپێی کتێبی پیرۆز بخاتە بواری جێبەجکردن و کردەییەوە؟

با پێکەوە باقی ئەم بەشە لە ڕوانینی ئەو ئامرازە هەمەچەشنانەدا بەسەر ببەین کە مامۆستایانی کتێبی پیرۆز و قەشە و وتاربێژان دەتوانن بەکاریبهێنن بۆ ئەوەی دڵسۆزانە هەر دەقێک ببەستنەوە بە چیرۆکی سەرەکی کتێبی پیرۆزەوە. (بۆ ئەوەی بزانیت کە چۆن یەزدانناسی بەپێی کتێبی پیرۆز بەسەر شەش دەقی نموونەییدا جێبەجێ دەبێت، بڕوانە پاشکۆی «نموونەی زیاتری یەزدانناسی بەپێی کتێبی پیرۆز.»).

ئامراز و هەنگاوەکان بۆ ڕاگەیاندنی مەسیح (مزگێنیدان)

ئەو ئامرازنەی کە لە خوارەوە باس کراون، دابەش دەبن بەسەر دوو دەستەدا: ئامرازەکانی تایبەت بە خوێندن و ئامێرەکانی چیرۆک. واتە، هەندێک لە ئامرازەکان بەتایبەتی ئیش دەکەن لەسەر ڕوانین و بەوریاییەوە تیشک خستنە سەر لێکدانەوە و تێگەیشتنمان لە دەقێک بەپێی کۆنتێکست و مەبەستی بنەڕەتی نووسەرەکە. ئەم ئامرازە ڕوونکردنەوانە یارمەتیمان دەدەن لە وەرگرتنی واتای دەقەکان و تیشک دەخەنە سەر نووسەری مرۆڤ و دەقە تایبەتەکە. ئەگەر بمانەوێت بە باشی سوود لەم ئامرازانە وەربگرین ئەوا دەبێت نوێژ بکەین و بەجوانی بڕوانینە دەقی کتێبی پیرۆز. کاتێك باسی تیشک خستنە سەر دەق دەکەین، ڕێک مەبەستمان ئەو ڕوانینە وردەیە.

ئامرازەکانی دیکە ئامرازەکانی چیرۆکن. ئەم ئامرازانە یارمەتیمان دەدەن کە بزانین دەقێکی دیاریکراو چۆن لەنێو چیرۆکی تەواوی کتێبی پیرۆزدا جێگەی دەبێتەوە و چۆن کار دەکاتە سەر لوتکەی چیرۆکەکە کە ئەویش کەسایەتی و خزمەت و کاری عیسای مەسیحە. واتە، تیشک دەخەنە سەر نووسەری خودایی و تەواوی کتێبی پیرۆز. کاتێک کە باسی کشانەوە لە دەق دەکەین، ڕێک مەبەستمان ئەوەیە.

کاتێک یەزدانناسی بەپێی کتێبی پیرۆز «جێبەجێ دەکەین»، لانی کەم پێنج دانە «هاوێنە و لێنزی لێکدانەوە و شیکردنەوە» هەنە کە بە هۆیانەوە دەتوانین بێفیزانە سەرنج بدەینە دەقەکان و بەدروستی شیکردنەوە و لێکدانەوەیان بۆ بکەین. ئەم هاوێنە و لێنزانە وەکو تابلۆ پارێزەرەکانی تەنیشت ڕێگا و شەقامەکان، لەسەر ڕێگەی ڕاست دەمانهێڵنەوە.

پێنج هاوێنەکان لەمانە پێکهاتوون:

١. کۆنتێکست
٢. پەیمان
٣. کانۆنی کتێبی پیرۆز
٤. کەسایەتی خودا
٥. مەسیح

کۆنتێکست

یەکەم هەنگاوی جێبەجێکردنی یەزدانناسی بەپێی کتێبی پیرۆز بریتییە لە خوێندنەوە بەپێی کۆنتێکست. کۆنتێکست یەکەم هاوێنەی شیکردنەوە و لێکدانەوەیە کە بە هۆیەوە دەتوانین سەرنج بدەینە هەر دەقێکی کتێبی پیرۆز و لێی تێبگەین. تێگەیشتن لە هەر دەقێکی کتێبی پیرۆز بە خوێندنەوەیەکی ورد بەپێی کۆنتێکست دەست پێدەکات لە ڕێگەی بەکارهێنانی شێواز و مێتۆدی لێکدانەوەی ڕێزمانی-مێژوویی.

ئەم شێوازە دوو کۆنتێکست لەخۆ دەگرێت کە دەوری بنەڕەتییان هەیە لە تێگەیشتنی دەقەکانی پەیمانی کۆن: مێژوویی و ئەدەبی.

١. کۆنتێکستی مێژوویی. دەقەکە چ واتایەکی بۆ نووسەرە بنەڕەتییەکانی هەبوو؟ واتای مێژوویی و بنەڕەتی دەقێک تاکە خاڵی بابەتیانەمان پێدەدات کە وا دەکات ڕێگە نەدەین هەموو جۆرە پەیامێکی تاکەکەسی و هەڕەمەکی لە دەقەکە دابتاشرێت. کاتێک کە واتای ڕوونی دەقەکە پشتگوێ دەخرێت، دەستبەسەراگرتنی لێکدانەوە نامێنێت و بەو هۆیەوە دەقەکەی کتێبی پیرۆز ئەو واتایە دەبەخشێت کە شیکەرەوە و لێکدەرەوە دەیەوێت.

دەتوانیت لەڕێگەی ئەم پرسیارانەی خوارەوە، دڵسۆزانە کۆنتێکستی مێژوویی بەسەر بەشێک یان دەقێکی دیاریکراوی کتێبی پیرۆزدا جێبەجێ بکەیت:

- نووسەرەکە کێ بوو؟
- لە بنەڕەتدا نووسەر پەیامەکەی ئاراستەی کێ کردووە؟
- ئەم دەقە کەی نووسراوە؟ ئایا هیچ هێما و نیشانەیەک لە دەقەکەی کتێبی پیرۆزدا هەیە کە کاتی نووسینەکە دەربخات؟
- نووسەر ویستوویەتی ئاماژە بە چ پێویستییەکی خوێنەرانی بکات؟
- واتا و مەبەستی سەرەکی نووسەر بۆ گوێگرانی سەرەتایی چی بوو؟

بۆ نموونە، بڕوانە بەهای کۆنتێکستی مێژوویی کاتێک کە سیپارەی شینەکانی یەرمیا دەخوێنیت و لێکۆڵینەوەی لەسەر دەکەیت. ئەم هۆنراوە پڕ لە شین و

گریانانـە دوای وێرانکردنـی ئۆرشـەلیم و پەرسـتگا دێـت بـە دەسـتی بابلییـەکان لـە سـاڵی ٥٨٦ پ. ز. (لەگـەڵ یەرمیـا ٥٢ بـەراوردی بکـە). زانینـی ئەم کۆنتێکسـتە مێژوویيە زۆر گرنگـە بـۆ ئـەوەی کـە بـە دروسـتی سـیپارەکە لێکبدەینـەوە و جێبەجێـی بکەیـن.

٢. کۆنتێکسـتی ئەدەبـی. کاتێـک کـە کۆنتێکسـتی مێژوویـی بەباشـی جێبەجـێ کـرا، ئامـادەی ئـەوەی کـە بـەوردی کۆنتێکسـتی ئەدەبـی دەقەکـە بخوێنیـت. یەکـەم جـار بڕیـار لەسـەر ئـەوە بـدە کـە لێکدانـەوە و شـیکردنەوە بـۆ چ جـۆرە دەقێـک دەکەیـت.

لـە پەیمانـی کۆنـدا، دەبێـت پێشـوەخت بزانیـت ئـەو دەقـەی کـە دەیخوێنیـت و لێکۆڵینـەوەی لەسـەر دەکەیـت چییـە، ئاخـۆ چیرۆکـە، هۆنراوەیـە، پێشـبینیکردنە، شـەریعەتە، دانایـی یـان ئاشـکراکردنە. دەتوانیـن پەیمانـی نـوێ بەسـەر سـێ ژانـری ئەدەبیـدا دابـەش بکەیـن، ئەوانیش ئینجیلـەکان (مەتـا و مەرقـۆس و لۆقـا و یۆحەنـا) کـە باسـی سەرگوزەشـتەی مێژوویـی ژیانـی عیسـا بـاس دەکـەن. هـەر یەکەیـان نیشـانی دەدەن کـە عیسـا تەواوکـەری ئـەو بەڵێنـەی خودایـە کـە لـە پەیمانـی کۆنـدا فەرموویەتـی کـە ڕزگارکارێـک بـۆ گەلەکـەی دەنێرێـت. لـەدوای ئینجلـەکان، چیرۆکـی مێژوویـی سـەرهەڵدانی کڵێسـا و فراوانبوونـی لـە سـیپارەی کـرداری نێردراوانـدا دەبینیـن. چـوار ئینجیلەکـە و کـرداری نێـردراوان جۆرێکـن لـە بابەتـی مێژوویـی.

لـەدوای ئـەو سـیپارانە، نامـەکان یـان پەیامـەکان دێـن. ئـەو نامانـە بـۆ ئـەوە نـووسراون بـە بـاوەڕداران بڵێـن کـە شـوێنکەوتنی مەسـیح چۆنـە و بـاوەڕدار دەبێـت چـی بـکات.

کۆتـا ژانـری پەیمانـی نـوێ، بریتییـە لـە ئەدەبـی پێشـبینیکردنی ڕۆژی دوایـی کـە تەنهـا لـە سـیپارەی ئاشـکراکردندا پێکدێـت. یۆحەنـا کـە نووسـەری سـیپارەکەیە، بینینێکـی خودایـی لەبـارەی ڕۆژی دواییـەوە پـێ دەدرێـت بـۆ ئـەوەی بـاوەڕداران هـان بـدات و ئامادەیـان بـکات کـە ئەمـڕۆ بـۆ مەسـیح بژیـن.

بەشـێک لـەوەی کـە ئەوپـەڕی هەوڵـدان بـۆ مامەڵەکردنـی دروسـت لەگـەڵ وشـەی ڕاسـتی واتـای ئەوەیـە کـە پێشـوەخت ژانـرە ئەدەبییەکـەی بزانیـت و ڕێگـەی پـێ بدەیـت کـە بڕیـار لەسـەر خوێندنـەوە و لێکدانـەوە و جێبەجێکردنـی لـە ژیانتـدا بـدات. کـە ژانرەکـەت دیـاری کـرد، ئینجـا دەتوانیـت سـەرنجی ڕێکخسـتنی دەقەکـە

بدەیـت. بـە خوێندنـی وشـەکان و ڕێزمانـی خـودی دەقەکـە دەسـتپێبکە. بـەدوای نیشـانەکانی پێکهاتـەی ڕسـتە و ئـەو وشـە و نیمچـە ڕسـتە ڕوونانـەدا بگـەڕێ کـە دووبـارە بوونەتـەوە، وە بەجوانـی سـەرنجی تـۆن و ئـاوازی دەقەکـە بـدە.

خوێندنـی دەقێـک بەپێـی کۆنتێکسـت پێویسـتی بەوەیـە کـە بەڕوونـی واتـای دەقەکـە لـە کۆنتێکسـتی ئەدەبـی نزیـک و دووردا بزانیـن. ڕێـک لـە پێـش دەقەکـەوە چـی دێـت؟ ڕێـک لـەدوای دەقەکـەوە چـی دێـت؟ کۆنتێکسـتی نزیـک تیشـک دەخاتـە سـەر ئایـەت، ڕسـتە، بڕگـە و بـەش کـە چ واتایەکـی هەیـە و چـۆن پەیوەندییـان بـە یەکـەوە هەیـە. کۆنتێکسـتی دوور تیشـک دەخاتـە سـەر ئـەوەی کـە واتـای دەقەکـە بـە لەبەرچاوگرتنـی تـەواوی پەڕتووکەکـە بزانێـت.

کۆنتێکسـت پاشـایە. دەگوترێـت کـە دەقـی بەبـێ کۆنتێکسـت بیانووهێنانەوەیـە بـۆ بەکارهێنانـی ئایـەت و دەقێکـی دیاریکـراو بەبـێ لەبەرچاوگرتنـی بازنـە و هەڵوێسـتی دەق. کەواتـە هەمیشـە لـە ڕێگـەی هاوێنـەی کۆنتێکیسـتی سروشـی ڕۆحـی پیـرۆز بڕوانـە دەقێـک، بـە کۆنتێکسـتی مێژوویـی و ئەدەبییـەوە.

پەیمان

کاتێـک کـە دەقێکـت بەپێـی کۆنتێکستەکەی خوێنـدەوە، دەبێـت بـە لەبەرچاوگرتنی پەیمانیـش بیخوێنیتـەوە. بـە پەیمانـی خـودا دەگوترێـت سـتوونی ئاسـنین کە پشـتگیری لـە چیرۆکـی کتێبـی پیـرۆز دەکات کـە بـەدەوری عیسـادا دەسـووڕێتەوە. گرنگـە کـە سـەرنجی هـەر پێکهاتەیەکـی دەق بدەیـت کـە بەرەوپێشـچوونی پەیمانـی پلانـی خـودا دەستنیشـان دەکات. دوای تێگەیشـتن لـە کۆنتێکسـتی مێژوویـی و ئەدەبـی، دەبێـت لـە هاوێنـەی پەیمانـەوە دەسـت بکەیـت بـە خوێندنـی دەقەکـە. پلانـی ڕزگاریـی خـودا بـەردەوام لـە کتێبـی پیـرۆزدا ئامـاژەی پێکـراوە، کـە لـە عیسـادا دەگاتـە لووتکـە. شـێوازی ئاشـکراکردنی ئـەم پلانـە لەلایـەن خـوداوە، وەکـو گەشـەکردنی تۆوێکـە هەتـا دەبێتـە دارێکـی گـەورە. پـەی بـردن بـەوەی کـە ئـەو دەقـەی لەبەدەسـتدایە چـۆن لەگـەڵ ئـەم بەرەوپێچوونـی پەیمانـەدا دەگونجێـت، زۆر گرنگـە بـۆ لێکدانەوەیەکـی شـیاو و گونجـاو.

وەكـو چـۆن لـە بەشـی سـێیەمدا بینینـمان، لـە تـەواوی كتێبـی پیـرۆزدا كـە لـە پەیدابوونـەوە دەسـت پێـدەكات، خـودا لەگـەڵ كەسـی تایبـەت و لـە كاتـی تایبـەت لـە ڕێگـەی پەیمانـەوە پەیوەنـدی لەگـەڵ دامەزرانـدوون. پەیمانەكانـی كتێبـی پیـرۆز ئەمانـە دەگرێتـەوە:

- پەیمانی ئادەم (پەیدابوون ١ – ٢؛ هۆشەع ٦: ٧)
- پەیمانی نوح (پەیدابوون ٩: ٨- ١٧)
- پەیمانی ئیبراهیم (پەیدابوون ١٢: ١- ٣؛ ١٥: ١- ٢١؛ ١٧: ١- ١٤)
- پەیمانی موسا (دەرچوون ١٩ – ٢٥)
- پەیمانی داود (دووەم ساموئێل ٧)
- پەیمانی نوێ (یەرمیا ٣١: ٢٧- ٣٤؛ حزقیێل ٣٦: ٢٤- ٢٨؛ مەتا ٢٦: ٢٧- ٣٠)

كەواتـە كاتێـک كـە دەقەكانـی كتێبـی پیـرۆز لێكدەدەیتـەوە، پێویسـتە بزانیـت كـە چ پەیمانێكـی گەلـی خـودا خاڵێكـی دیاریكـراوی چیرۆكـی كتێبـی پیـرۆز بەڕێـوە دەبـات. لـە ڕێگـەی هاوێنـە و لێنـزی پەیمانـەوە بـەوردی لـە دەقەكـەوە بڕوانـە. بـۆ نموونـە چـۆن ئـەم دەقانـەی پەیمانـی كـۆن لـە خـوارەوە هاتـوون، لێكدەدەیتـەوە و جێبەجیـان دەكەیـت.

- ڕێنماییەكانی نوح بۆ دروستكردنی كەشتییەكە
- ئەو خاكەی كە بەڵێنی بەخشینی بە ئیبراهیم درا
- ڕێنماییەكانی پاكبوونەوە لە لێڤییەكان
- بەڵێنەكانی خودا لەمەڕ پاراستنی داود

هەریـەک لـەم دەقانـە پەیوەندییـان بـە پەیمانێكـی كتێبـی پیـرۆزەوە هەیـە. ئەگـەر دەتەوێـت بـە دروسـتی لـە دەقێـک تێبگەیـت و لێكـی بدەیتـەوە، ئـەوا پێویسـتە و زۆر گرنگـە كـە بزانیـت دەقەكـە لـە كوێـدا دەكەوێتـە نێـو پەیمانـی چیرۆكـی كتێبی پیـرۆزەوە.

بەدروسـتی ناسـینەوەی ئـەو پەیمانـەی كتێبـی پیـرۆز كـە بەسـتراوەتەوە بـە هـەر دەقێكـی پەیمانـی كۆنـەوە، یارمەتیـت دەدات كـە دەقەكـە بخەیتـە نێـو نەخشـەی ڕزگاری - مێژوویـی كتێبـی پیـرۆزەوە:

بەدیهێنان   كەوتنی مرۆڤ (یەكەم گوناە)   كڕینەوە   بەدیهێنانی نوێ

هەموو ڕووداوێکی کتێبی پیرۆز دەکرێت لەسەر ئەم نەخشەڕێگای کڕینەوە - مێژووییە جێ بکەینەوە. نەخشەی پەیمان یارمەتیت دەدات کە شوێنی دەقەکە دەستنیشان بکەیت، هەروەها دەتوانیت شوێنی خۆت لە پلانی خودا بۆ کڕینەوەی مرۆڤەکان دەستنیشان بکەیت.

تێگەیشتن لە دەقی پەیمان بە شێوەیەکی تایبەت گرنگە بۆ جێبەجێکردنی پەیمانی کۆن. بۆ نموونە، چۆن لە (لێڤییەکان ١٩: ١٩) تێدەگەیت و جێبەجێی دەکەیت کە دەڵێت: «با جلێکت لەبەر نەبێت کە دوو جۆر بێت»؟ ناکرێت ڕاستەوخۆ لە دەقەکەوە بیبینە سەر ژیانمان، ئەو هۆکارە سادەیەی کە ئێمە چیتر لەژێر پەیمانی موسادا ناژین، پێویستی بە ڕامان و چاولێکردنی دووبارەیە. ئەم فەرمانە لە کاتی پەیمانی موسادا دراوە و بەسەر ئیسرائیلدا جێبەجێ کرا بۆ ئەوەی گەلی خوا وەکو کەسانێکی جیاواز و پیرۆز خۆیان جودا بکەنەوە. ئەگەر فراوانتر لێی بڕوانین، ئەم فەرمانە بەشێکە لە کۆمەڵە ڕاسپاردە و فەرمانێک لە (لێڤییەکان ١٩)، کە داوا لە ئیسرائیل دەکات داوکاری خودا بۆ پیرۆزبوون لەبەرچاو بگرن لە ڕێگەی نەهێشتنی ناکۆکی لەنێو بەدیهێنراواندا و جودابوونیان لە کاری بتپەرستەکانی نەتەوەکانی دەوروبەریان.

بەڵام ئێمەی باوەڕداران دەزانین کە مەسیح هاتە سەر زەوی و بەتەواوی شەریعەتی موسای جێبەجێ کرد و لە ڕێگەی مردنی قوربانی و هەستانەوەی لەنێو مردووان، پەیمانە نوێیەکەی دامەزراند. کڵێساش، وەکو گەلی ئیسرائیل، داوای لێکراوە کە پیرۆز بێت، وەکو چۆن خودا پیرۆزە (یەکەم پەترۆس ١: ١٤-١٦). لەژێر دەسەڵاتی پەیمانی نوێدا، ئەوەی کە وەکو گەلی هەڵبژێردراوی خودا جودامان دەکاتەوە کە ڕۆحی پیرۆز لە ناخماندا نیشتەجێیە، ئەوەیە کە ئێمە لەنێو نەوەیەکی چەوت و خواردا، پاک و بێ گلەیی کراوین.

کەواتە، هەر کاتێک دەقێکی کتێبی پیرۆز لێکدەدەیتەوە، هەوڵی وەڵامدانەوەی ئەم پرسیارە بدە: شوێنی ئەم دەقە لەنێو چیرۆکی پەیمانی کتێبی پیرۆزدا لەکوێیە؟

کانۆنی کتێبی پیرۆز

لێنز و هاوێنەی دواتر کە دەبێت لە کاتی جێبەجێکردنی یەزدانناسی بەپێی کتێبی پیرۆز لەبەرچاوی بگریت، بریتییە لە هاوێنەی قەڵەمڕەوی نووسراوە پیرۆزەکان. واتە، دەبێت هەمیشە ئەو بنەمایەت لەبیر بێت کە کتێبی پیرۆز باشترین لێکدەرەوە و شیکەرەوەی خۆیەتی. دەبێت دەقەکەت بخوێنیتەوە و بەدوای ئەوەدا بگەڕێیت کە ئاخۆ لە ڕووی دەقەوە چ پەیوەندییەکی بە بەشەکانی دیکەی کتێبی پیرۆزەوە هەیە.

باشترین ڕێگە بۆ دروستکردنی ئەو پەیوەندییە، بریتییە لە خوێندنەوەی کتێبی پیرۆزێک کە سیستەمی ئاماژەکردن بە سەرچاوە هاوتەریبەرکانی[13] تێدا بێت. سەرچاوە هاوتەریبەکان لەنێو زۆربەی کتێبی پیرۆزەکاندا یارمەتیت دەدەن لە دۆزینەوەی وتەی وەرگیراو و هێما و نیشانە و پەیوەندییەکانی نێوان بەشەکانی کتێبی پیرۆز.

ئەگەر پەیمانی کۆنت لە سیپارەی پەیدابوونەوە هەتا سیپارەی مەلاخی خوێندبێتەوە، ئەوا دەبینیت کە کتێبی پیرۆز پڕە لە خۆی. واتە، نوسەرانی دواتری کتێبی پیرۆز بەردەوام ئاماژە بە وتە و دەقەکانی پێش خۆیان لەنێو کانۆنی کتێبی پیرۆزدا دەکەن. بۆ نموونە، سیپارەی زەبوورەکان زۆربەی کات ئاماژە بە وتەکانی تەورات دەکەن (بڕوانە زەبوورەکان ٨، ٩٥). بەشی دواتری سیپارەی دانیال (بەشی ٩- ١٢) بریتییە لە بینینێکی دانیال کە هاوکاری شیکردنەوەی پێشبینییەک دەکات کە لە بنەڕەتدا بە یەرمیا بەخشرابوو (یەرمیا ٢٥: ١- ١٢؛ دانیال ٩: ٢).

کەواتە، کاتێک دەقێکی کتێبی پیرۆز دەخوێنیتەوە، ئەم پرسیارە لە خۆت بکە: نووسەر چ پەیوەندییەک لەگەڵ بەشەکانی دیکەی کتێبی پیرۆزدا دروست دەکات؟ سەرچاوە هاوتەریبەکانی کتێبی پیرۆز بخوێنەوە و بزانە ئەو دەقە بە لەبەرچاوگرتنی کۆنتێکستی تەواوی کانۆنی کتێبی پیرۆزدا، چ واتایەکی هەیە.

لەوەش زیاتر، کاتێک کە دەقێکی پەیمانی کۆن لێکدەدەیتەوە کە لە پەیمانی نوێدا ئاماژەی پێکراوە، بە هەموو شێوەیەک شوێن ڕێنمایی پەیمانی نوێ بکەوە

---

[13] بە ئینگلیزی دەبێتە Cross-Reference

و لە خۆت بپرسە: تێگەیشتنی ئەم نووسەرەی پەیمانی نوێ بۆ ئەم دەقە، چۆن کار دەکاتە سەر لێکدانەوە و شیکردنەوەی من؟

١. خوێندنەوە بەپێی کانۆنی کتێبی پیرۆز پێویستی بەوەیە کە بەوردی بخوێنینەوە. لە کاتی خوێندنەوەدا، دەتوانین بەدوای ئەم پێنج شتەدا بگەڕێین: ١. خاڵە سەرەکییەکان. بەدوای ئەو ڕێگایانەدا بگەڕێ کە دەقەکەت لەگەڵ خاڵە سەرەکییەکانی کتێبی پیرۆزدا دەگونجێنێت، هەر لە پەیدابوونەوە هەتا دەگاتە ئاشکراکردن. خاڵی سەرەکی وەکو پاشایەتی، بەدیهێنان، قوربانیدان، کوڕ، باوەڕ، نیعمەت و شکۆمەندی یارمەتیت دەدەن کە دەقەکەت لە کۆنتکێستی قەڵەمڕەوی گونجاودا دابنێی چونکە ئەو خاڵە سەرەکییانە تەواوی قەڵەمڕەوی نووسراوە پیرۆزەکان دەگرنەوە.

٢. پێشبینیکردن. سەیری ڕابردوو و داهاتوو بکە! چاوەڕێی ئەوە بکە کە هەندێك لە پێشبینییەکان لە چەندین ئاستدا هاتبێتنە دی. گەڕانەوی پێشبینییەکانی پەیمانی کۆن بۆ عیسای مەسیح یەکێکە لە ڕێگە باشەکان بۆ دروستکردنی پەیوەندی قەڵەمڕەوی نووسراوە پیرۆزەکان.

٣. جۆرناسی (تایپۆلۆژی). جۆرناسی سەرمەشق و نموونەکانی کتێبی پیرۆز شی دەکاتەوە و لێکدانەوەی بۆ دەکات. ئەم سەرمەشقانە لەوانەیە لە ڕووداوێکدا دەربکەوێت، یان کەسێک، یاخود لایەنێک لە پەیمانی کۆن کە ئاماژە بە پێشبینییەک دەکات کە لە پەیمانی نوێدا هاتووەتە دی. سەرمەشقە مێژووییەکانی کتێبی پیرۆز فێری ڕاستیی پاشا و شانشینەکەیمان دەکەن.

بۆ نموونە، ئادەم جۆرێک بوو لە مەسیح. «کەچی مردن لە ئادەمەوە هەتا موسا حوکمڕانی دەکرد، تەنانەت بەسەر ئەوانەشەوە کە لە شێوەی یاخیبوونەکەی ئادەم گوناهیان نەکردبوو، کە نموونەی ئەو کەسەیە کە دێت» (ڕۆما ٥: ١٤). کاتێک پۆڵس وەسفی ئاوارەبوونی ئیسرائیلییەکانی بۆ کڵێسای کۆرنسۆس کرد، گوتی: «جا ئەم شتانەیان وەک پەند بەسەرهات، بۆ ئاگاداری ئێمەش نووسراوە، کە لە کۆتایی زەمان دەژین» (یەکەم کۆرنسۆس ١٠: ١١). بەرخی پەسخە ئاماژە بە بەرخێکی بێ لەکە و تەواو دەکات کە سەر دەبڕدرێت لەپێناو ڕزگارکردنی گەلی خودا لە ڕێگەی

ڕووداوێکی زۆر گەورەتر لە دەرچوون (دەرچوون ١٢: ١- ١٣؛ یۆحەنا ١: ٣٦؛ ١٩: ٣٦؛ یەکەم کۆرنسۆس ٥: ٧- ٨؛ یەکەم پەترۆس ١: ١٩؛ ئاشکراکردن ٥: ٦).

جۆرناسی جیاوازە لە کینایە کە پەیوەندییەکی هەڕەمەکی و زمانەوانی دروست دەکەن لەنێوان هێما و ئەو شتەی کە هێمای بۆ کراوە. بۆ نموونە، ئەو گوریسەی کە ڕاحابی لەشفرۆش لە شورای ئەریحاوە شۆڕی کردەوە، ئاماژە نییە بە خوێنی مەسیح. لێکچوونێکی سادەی ڕووکارانەی نێوان دوو شت لە کتێبی پیرۆزدا، ناچێتە چوارچێوەی جۆرەوە. لەوانەیە باشترین ڕێگە بۆ دیاریکردنی جۆر ئەوەیە کە ڕێگە بە نووسەرانی کتێبی پیرۆز بدەین قسەی خۆیان بکەن لە ڕێگەی بەڕوونی جێگیرکردنی تایبەتی جۆرەکە لە خودی دەقی کتێبی پیرۆزدا.

١. بەڵێن و جێبەجێکردن. خودا هەمیشە دڵسۆز و وەفادارە بەرامبەر بەڵێنەکانی. زۆربەی بەڵێنەکانی خودا لە پەیمانی کۆن، لە پەیمانی نوێدا هاتوونەتە دی. لە کاتی خوێندنی پەیمانی نوێدا، بگەڕێوە بۆ پەیمانی کۆن، بۆ ئەویە بەڵێنە بنەڕەتییەکە ببینیت و بەدیهاتنەکەی بە تێبینی لەلای خۆی بنووسە. ئایا ئێستا نیوەی هاتووەتە دی و نیوەکەی دیکەش چاوەڕێی بەدیهاتنە؟ یاخود بەڵێنەکە بەتەواوی جێبەجێ کراوە؟ ئاگاداری لایەنی «پێشوەخت - هێشتا نە»ی هەندێک لەو بەڵێنانە بە کە لە لایەن مەسیحی پاشاوە هاتوونەتە دی.

٢. بەردەوامبوون و بەردەوامنەبوون (دابڕان). چ شتێک وەکو پێشترە و چ شتێک گۆڕانکاری بەسەردا هاتووە؟ ئایا نووسەر لەم دەقەدا تیشک دەخاتە سەر جیاوازییەکان یان لێکچوونەکان؟ بۆ نموونە، ئەگەر فێرکردن لەسەر (پەیدابوون ١٧) پێشکەش بکەیت، کە خودا سەبارەت بە خەتەنەکردن فەرمان بە موسا دەدات، کۆنتێکستی قەڵەمڕەوی دەقەکە وا دەکات کە سەرنجی ئەو دابڕانە بدەیت کە لە پەیمانی نوێ لە (گەلاتیا ٦: ١٥)دا هاتووە: «نە خەتەنەکردن سوودی هەیە و نە خەتەنە نەکردنیش، بەڵکو بەدیهێنراوی نوێ». لەنێوان (پەیدابوون ١٧) و (گەلاتیا ٦)دا چی گۆڕاوە؟ چ شتێک وەکو یەکە؟ ئەگەر سەرنجی ئەم پرسیارانە بدەیت، ئەوا دەتوانیت ڕوونتر پەیوەندییەکانی قەڵەمڕەوی دەقەکە ببینیت و بەرەو هاتنی مەسیحت دەبات کە چەق و ناوەندی چیرۆکی کتێبی پیرۆزە.

کەسایەتیی خودا

یەک شت کە لە کاتی خوێندنەوەی کتێبی پیرۆزدا گۆڕنکاری بەسەردا نایەت، بریتییە لە کەسایەتیی خودا. بۆیە پێویستە لە ڕوانگەی یەزدانناسییەوە بیخوێنینەوە و ئەم پرسیارانە لە خۆمان بکەین:

- ئەم دەقە چ شتێک لەبارەی خودا ئاشکرا دەکات؟
- ئەم دەقە تیشک دەخاتە سەر چ خەسڵەت و تایبەتمەندییەکی خودا؟
- چ بابەتگەلێکی یەزدانناسی لەم دەقەدا دەدۆزینەوە؟
- ئەو بابەتە یەزدانناسییانە چ شتێکم لەبارەی مەسیحی پاشاوە فێر دەکەن؟

خودای پەیمانی کۆن هەمان خودای پەیمانی نوێیە. خودا و باوکی عیسای مەسیحی پەروەردگارمان، هەمان خودای ئیبراهیم و ئیسحاق و یاقوبە. «عیسای مەسیح وەک خۆیەتی، دوێنێ و ئەمڕۆ و هەتاهەتایە» (عیبرانییەکان ١٣: ٨). کەواتە لە کاتی خوێندنەوەی دەقی کتێبی پیرۆزدا، دەبێت کەسایەتی و خەسڵەتی خودا وەکو تێبینی بنووسین.

لە خۆت بپرسە کە ئەم پرسیارە چ شتێکم لەبارەی کەسایەتی خوداوە فێر دەکات؟ ئەم هاوێنە و لێنزە سوودێکی زۆری هەیە بە تایبەتی کاتێک کە سیپارەی زەبوورەکان دەخوێنیتەوە. بۆ نموونە، زەبوورەکان ٩٠ بە گشتی باسی ڕامانی موسا لەبارەی کەسایەتی نەگۆڕی خودا دەکات. خودا هەتاهەتایی و ئەزەلییە (٩٠: ٢، ٤)؛ ئەو کە بەدیهێنەری بەتوانایە، دەسەڵاتی بەسەر ژیان و مردندا هەیە (٩٠: ٢- ٣، ٥- ٦)؛ ئەو خودای تووڕەیی پیرۆزە (٩٠: ٧- ٨، ١١)؛ وە ئەو خودای بەزەیی، میهرەبانی و خۆشەویستی نەگۆڕە (٩٠: ١٣- ١٤)، کە زۆر بەهێز و جوانە (٩٠: ١٦- ١٧). بۆیە تێبینی بنووسە و لە کەسایەتی خودا ڕامێنە.

مەسیح

هەموو ئەوەی کە هەتا ئێستا باسمان کردووە، لەم کۆتا هاوێنەی لێکدانەوەیەدا دەگاتە لوتکە. ئێمە باشترینەکەمان بۆ کۆتایی هەڵگرتووە.

ئێمە دەبێت بە لەبەرچاوگرتنی مەسیح کتێبی پیرۆز بخوێنینەوە. گرنگ نییە کە لە چ دەقێک فێرکردن یان وتار پێشکەش دەکەیت، هەمیشە دەبێت بپرسیت کە ئاخۆ چۆن وتارەکەت پەیوەندی بە ناسنامە و کاری عیسای مەسیحەوە هەیە. هەر کاتێک کە کتێبی پیرۆز دەکەینەوە، پێویستە ئەوپەڕی هەوڵی خۆمان بدەین کە لەوە تێبگەین ئاخۆ دەقەکە لەکوێی چیرۆکی گەورەی کتێبی پیرۆزدا جێگەی دەبێتەوە. بینیمان کە عیسا پاڵەوانی چیرۆکەکەیە؛ کەواتە دەبێت پرسیاری لەم چەشنە بکەین:

- ئەم دەقە چ شتێک لەبارەی ناسنامە و ژیان و ئیش و کاری عیسای مەسیحەوە ئاشکرا دەکات؟
- ئایا ئەم دەقە ئاماژە بە یەکەم هاتنی عیسای مەسیح دەکات؟
- ئایا پێشبینی گەڕانەوەی عیسا دەکات؟
- چۆن ئینجیلی پیرۆز کار دەکاتە سەر تێگەیشتنم لەم دەقە؟
- چۆن ئەم دەقە لە ئینجیلی پیرۆز ڕادەمێنێت؟

وەکو لە وەرزی دووەم بینیمان (بڕوانە «باشترین خوێندن و لێکدانەوەی کتێبی پیرۆز)، خوێندنەوەی کتێبی پیرۆز لە کاتێکدا عیسا ئامانجی سەرەکی بابەتەکەیە، بە تایبەتی پەیمانی کۆن، لە لایەن خودی عیسای مەسیحەوە بۆمان دووپات کراوەتەوە.

دەرەنجام

کتێبی پیرۆز بەهادارترین شتە کە ئەم جیهانە دەتوانن بەدەستی بهێنن. لەنێویدا دانایی ئاسمانی و وتار و فێرکردنی گەرموگوڕی خودای زیندوو دەبینین. با خودا وەفادار و دڵسۆزمان بکات تاکو دڵمان لەسەر خوێندنی وشەی خودا بێت، وە دواتر کاری پێ بکەین و بە کەسانی دیکەی ڕابگەیەنین (عەزرا ٧: ١٠). ئەگەر بمانەوێت کە بە لێکدەرەوە و شیکەرەوەی دڵسۆز و باشی کتێبی پیرۆز ناوزەد بکرێین، دەبێت یارمەتی کەسانی دیکە بدەین کە لە هەموو کتێبی پیرۆزدا عیسا بناسن و خۆشیان بوێت.

یەزدانناسی بەپێی کتێبی پیرۆز بەو شێوەیە یارمەتیمان دەدات. یەزدانناسی بەپێی کتێبی پیرۆز بەو شێوەیە خزمەتی فێکردن و وتاردانی کڵێسا خۆجێییەکان بەتەواوی دەگۆڕێت. بەڵام ئەوە هەمووی نییە.

وەرزی شەشەم

یەزدانناسی بەپێی کتێبی پیرۆز ئەرکی سەرەکیی کڵێسا پێکدێنێت

کتێبی پیرۆز پەڕتووکێکی گەورە و شکۆداری خودایە. ئامانجی ئەم پەڕتووکە بچووکەی بەردەستت ئەوەیە کە لە تێگەیشتنی باشتری پەیامی سەرەکی کتێبی پیرۆزدا یارمەتیت بدات. ئەم تێگەیشتنە زۆر گرنگە، چونکە درک نەکردن بە ئامانجی سەرەکی کتێبی پیرۆز دەبێتە هۆی دروستکردنی مزگێنی هەڵە و کڵێسای هەڵە. هەروەها ئەرکی سەرەکی کڵێسا تێکدەدات. لەوانەیە لەبیرت بێت کە بە چەندین کەیسی خوێندن دەستمان پێکرد، وە ئێستاش کاتی ئەوەیە کە هەر یەک لەو کەیسانە بەپێی چیرۆکی کتێبی پیرۆز هەڵبسەنگێنین کە لە وەرزی سێ و چواردا خوێندمان.

کڵێسای ئینجیلی خۆشگوزەرانی

ئەو کڵێسایانەی کە پشتگیری لە ئینجیلی خۆشگوزەرانی دەکەن، بێڕێزیی بە مەسیح دەکەن و ئومێد و هیوای مەسیحییەت کەم دەکەنەوە. بەم هەڵەتێگەیشتە ترسناکە بە چەندین ڕێگە بێڕێزیی بە مەسیح دەکرێت. لە جێگەی گەورەکردنی ناسنامە و کارەکانی عیسا، شوێنکەوتووانی ئەم بۆچوونە شەیتانییە عیسا و متمانەکردن پێی، دەکەنە ئامرازی بەدیهێنانی ئامانجی دنیایی. چیرۆکی کتێبی پیرۆز ڕوونی دەکاتەوە کە گەورەترین کێشە کە گوناهباران لەم ژیانەدا ڕووبەڕووی دەبنەوە بریتی نییە لە بێ ئیشی، بێهیوایی، یان نەخۆشی شێرپەنجە؛ بەڵکو بریتییە لە تووڕەیی هەتاهەتایی خودایەکی پیرۆز و باش. «ئەوەی باوەڕ بە کوڕەکە بهێنێت ژیانی هەتاهەتایی هەیە. بەڵام ئەوەی گوێڕایەڵی کوڕەکە نییە ژیان نابینێت، بەڵکو تووڕەیی خودای لەسەر دەمێنێت» (یۆحەنا ٣: ٣٦). خودای باوک کوڕی خۆشەویستی خۆی ناردە ئەم جیهانە نەک بۆ ئەوەی کە دەوڵەمەندمان بکاتەوە، بەڵکو بۆ ئەوەی کە بۆ هەتاهەتاییە لەگەڵ خۆیدا ئاشتمان بکاتەوە. «عیسای مەسیح بۆ ڕزگارکردنی گوناهباران هاتە جیهان» (یەکەم تیمۆساوس ١: ١٥).

قەشـەکانی ئینجیلـی خۆشـگوزەرانی لـە جێگـەی ئـەوەی کـە چێژ لـە عیسـا وەربگرن - ئـەو کەسـەی کـە هەمـوو گەنجینـەی دانایـی و زانیـاری و هەمـوو بەرەکەتێکـی ڕۆحـی لـە شـوێنەکانی ئاسـماندا تێـدا بـەدی دەکرێـت (ئەفەسـۆس ١: ٣؛ کۆلۆسـی ٢: ٣) - بەڵکـو بەڵێنـی پـووچ دەدەن لەبـارەی لەشسـاغی، مـاڵ و سـامان، دڵشـادی و شـادمانی. ئـەوان دەڵێـن کـە هەمـوو شـوێنکەوتووانی مەسـیح ئـەم بەرەکەتانـە بـە زیـادەوە لـەم جیهانـەدا وەردەگـرن.

بـەڵام خزمەتـکارە چەوسـاوەکە بەڵێنێکـی تـەواو جیـاواز دەدات کاتێـک کـە دەفەرموێـت: «لـە جیهانـدا تووشـی تەنگانـە دەبـن» (یۆحەنـا ١٦: ٣٣).

یەزدانناسـی بەپێـی کتێبـی پیـرۆز یارمەتیـمان دەدات لـەوە تێبگەیـن کـە دەبێـت دڵسـۆزانە عیسـای مەسـیح وەکـو کۆتـا ئامانـج و پایـە و کرۆکـی کتێبـی پیـرۆز ڕابگەیەنیـن چونکـە «بەڵێنەکانی خـودا هەرچییـەک بـن، بـە یەکبـوون لەگـەڵ مەسیح دەبـن بـە «بەڵـێ»» (دووەم کۆرنسـۆس ١: ٢٠). عیسـا پاڵەوانەکەیـە، نـەک هیـچ کام لـە ئێمـە.

عیسـای مەسـیح کـە لـە نـەوەی ئیبراهیمـە، ئـەو کەسـەیە کـە خـودا بەڵێنەکانـی ئیبراهیمـی تێـدا بەدیهێنـا. پۆڵـس ئەمەمـان پـێ دەڵێـت: «بەڵێنـەکان بـۆ ئیبراهیـم و نەوەکـەی گوتـراوە. نـووسراوە پیرۆزەکـە نافەرموێـت: «بـە نـەوەکان» وەک ئـەوەی زۆر بـن، بـەڵام [بـە نـەوەی تـۆ] واتـە یـەک، ئـەوەی مەسـیحە» (گەلاتیـا ٣: ١٦). عیسـای مەسـیح، نـەوەی ئیبراهیـم، هاتـووە بـۆ ئـەوەی کـە لـە ڕێگـەی ژیـان و مـردن و هەسـتانەوەی لەنێـو مردووانـەوە گەلێـک لـە هەمـوو نەتـەوەکان بـۆ خـۆی دروسـت بـکات بـۆ ئـەوەی سـوپاس و ستایشـی بکـەن. وە ڕۆحـی پیـرۆزی خـۆی بـە هەمـوو ئەوانـە دەدات کـە وەکـو مـۆری بەڵێنـی میراتیـی داهاتـوو بـاوەڕ و متمانـەی پـێ دەکـەن. بۆیـە ئـەوە هێـزی بـاوەڕی ئێمـە نییـە بەڵکـو نیعمەتـی نایابـی ڕزگارکارمانـە کـە ئـەم بەرەکەتانەمـان بـۆ دەسـتەبەر و مسـۆگەر دەکات. گۆڕیـن و دەسـتکاریکردنی ئـەم ڕاسـتییە، سـووکایەتی و بێڕێزیکردنـە بـە عیسـای مەسـیح.

هەروەهـا ئومێـدی باوەڕدارانـی مەسـیح لەلایـەن ئینجیلـی خۆشـگوزەرانی و ئـەو کڵێسـایانەوە لاواز و کاڵ کراوەتـەوە کـە بەپێـی ڕێنمایـی و فێرکردنـی ئـەوان دەڕۆن

بەڕێـوە. یەزدانناسـی بەپێـی کتێبـی پیـرۆز یارمەتیـمان دەدات کـە لـەوە تێبگەیـن باوەڕدارانـی مەسـیح لـەم سـەرەدەمەدا وەکـو ئەوانـە دەژیـن کـە کۆتایـی زەمانەیـان بەسـەردا هاتووە (یەکەم کۆرنسـۆس ١٠: ١١). شـوێنکەوتووانی مەسـیح لەنێوان سەردەم و کاتەکانـدا دەژیـن؛ لەنێـوان کێشمەکێشـی پێشـوەخت و هێشـتا نەهاتـووەدا دەژیـن. مەسـیح پێشـوەخت هاتـووە، بـەڵام هێشـتا نەهاتووەتـەوە کـە بەتـەواوی شانشـینە هەمیشـەییەکەی دابمەزرێنێـت. عیسـا پێشـوەخت دوو هـەزار سـاڵ لەمەوپێـش لـە ڕێگـەی مردنـە کەفارەتەکـەی و هەسـتانەوە سـەرکەوتووانەکەی و بەرزبوونـەوەی بـۆ ئاسـمان، مردنـی شکسـت داوە، بـەڵام هێشـتا چاوەڕێـی ئـەو ڕۆژەیـن کـە چیـتر مـردن نابێـت (ئاشـکراکردن ٢١: ٤).

بـە مێشـکێکی چـالاک و بـە تامەزرۆییـەوە چاوەڕوانبـوون، دەبێـت حاڵەتـی هەمـوو خزمەتکارانـی مەسـیح بێـت کـە چاوڕێـی هاتنـەوەی گەورەکەیـان دەکـەن (یەکـەم پەترسـۆس ١: ١٤). ئـەم هیـوا و ئومێـدەی کتێبـی پیـرۆز یارمەتیـمان دەدات کـە درۆی قەشـە و وتاربێژانـی کڵێسـای خۆشـگوزەرانی ببینیـن کـە بەڵێنـی باشـترین ژیـان و خۆشـگوزەرانیمان لـەم جیهانـەدا پـێ دەدەن.

باشـترین ژیانی بـاوەڕداران لـە ئێسـتادا و لەسـەر زەوی نییـە. باشـترین ژیانمـان ئـەو کاتـە دەبێـت کـە ئومێـدی پـڕ لـە بەرەکەتمـان دەردەکەوێـت. ئـەم ئومێـدە پشـت بـە ئاسایشـی دارایـی، لەشسـاغی، ئوتۆمبێلـی نـوێ یـان بەرزبوونـەوەی پلەوپایـەت لـە ئیشـەکەتدا نابەسـتێت.

ئومێـدی پیـرۆزی ئێمـە کەمـتر نییە لـە «چاوەڕوانـی هیـوای بەرەکەتـدار، دەرکەوتنی شـکۆی خـودای گـەورە و ڕزگارکەرمـان، عیسـای مەسـیح، ئـەوەی بـۆ ئێمـە خـۆی بەختکـرد، تاکـو لـە هەمـوو سـەرپێچییەک بمانکڕێتـەوە و گەلێکـی تایبـەت بـۆ خـۆی پـاک بکاتـەوە، دڵگـەرم بـۆ چاکـەکاری» (تیتـۆس ٢: ١٣- ١٤).

ئێمـە لـەم جیهانـە پـڕ لـە گوناهـەدا ئـازار دەچێژیـن لـە کاتێکـدا چاوەڕێـی ئـەو شـکۆیەین کـە ئاشـکرا دەکرێـت. ئێمـە پێشـتر ئەمەمـان وەبیـر هێنراوەتـەوە، کاتێـک لـە وەرزی چوارەمـدا گوتمـان «ئێسـتا بـاوەڕدران ئـازار دەچێـژن، بـەڵام لـە کاتـی گەڕانـەوەی مەسـیحدا شـکۆدار دەبـن. ئـەم ئومێـدە شـکۆدارە، تەنانـەت لـە میانـەی

تاقیکردنـەوەی سـەخت و چەوسـانەوەدا، بـاوەڕداران هـان دەدات کـە متمانـە بـە پـەروەردگار و پاشـاکەمان بکەیـن و گوێڕایەڵـی بیـن» (بڕوانـە وەرزی چـوارەم، پاشـا فەرمانڕەوایـی دەکات). ئەگـەر ئومێـدی ئینجیلـی خۆشـگوزەرانی بـە پشتبەسـتن بـە یەزدانناسـی بەپێـی کتێبی پیـرۆز هەڵبسـەنگێنین، ئـەوا دەبینیـن کـە هیـچ ئومێـد و هیوایەکـی تێـدا نییـە. بـاوەڕدار هیـوا و ئومێـدی لەسـەر مەسـیح هەڵدەچنێـت، وە ئـەم ئومێـدە بەتـەواوی دێتـە دی کاتێـک کـە لـە کۆتاییـدا دەڕواتـە لای مەسـیح، کـە ئەوپـەڕی خۆشـی و چێـژ بـۆ هەتاهەتاییـە لـە لای ئـەوە.[١٤]

کڵێسای ئینجیلی مەدەنی

زۆر جـار بـاوەڕداران ئـەم ئایەتـەی کتێبـی پیـرۆز وەکـو وتـەی وەرگیـراو بەکاردێنـن کـە دەڵێـت: «بەڵێنـە بەهـادار و گـەورەکان» (دووەم پەتـرۆس ١: ٤)، تەنهـا بـۆ ئـەوەی کـە لـە شـوێن و کاتـی هەڵـەدا بـەکاری بهێنـن. یەکێـک لـە شـێوەکانی ئـەم هەڵەتێگەیشـتنە گەورەیـە لـە کتێبـی پیـرۆز لـەو کڵێسـایانەدا ڕوودەدات کـە ئیشـیان ڕاگەیاندنـی ئینجیلـی مەدەنییـە کـە پەیامەکەیـان زیاتـر تیشـک دەخاتـە سـەر «خـودا و وڵات». ئـەم هەڵەتێگەیشـتنە لـە بەڵێنەکانـی کتێبـی پیـرۆز لـەوەوە سـەرچاوە دەگرێـت کـە نەیانتوانیـوە لـەوە تێبگـەن کـە چـۆن پەیمانەکانـی کتێبـی پیـرۆز لە عیسـای مەسـیح و کڵێسـاکانیدا دەگاتـە لووتکـە. وە ئـەم تێکـدان و شـێواندنەی کتێبـی پیـرۆز دەبێتـە هـۆی شـێواندن و بـە هەڵەدابردنـی ئـەرک و بەرپرسـیاریەتی سـەرەکی کڵێسـا.

یەزدانناسـی بەپێـی کتێبـی پیـرۆز چـۆن لـە ئینجیلـی مەدەنـی دەمانپارێزێـت؟ بـۆ نموونـە، بـا باسـی ئـەو بەڵێنـەی (دووەم پوختـەی مێـژوو ٧: ١٤) بکەیـن کـە زۆر جـار بەکاردیدێنیـن. بیسـتوومانە کـە بـاوەڕداران ئـەم بەڵێنـە ڕاسـتەوخۆ بەسـەر ئەمریـکادا جێبەجـێ دەکـەن، بەبـێ ئـەوەی کـە گرنگـی بـە کۆنتێکسـتی دوور و نزیکـی دەقەکـە بـدەن. سـلێمانی پاشـا، کـوڕی داود و پاشـای ئیسرائیـل، تـازە پـڕۆژەی بنیاتنانـی پەرسـتگای تـەواو کردبـوو.

---

١٤ بۆ زانیاری زیاتر لەسەر هەڵە کوشندەکانی ئینجیلی خۆشگوزەرانی، ئەم پەڕتووکە بخوێنەوە:
David W. Jones and Russell S. Woodbridge, Health, Wealth, and Happiness: How the Prosperity .(Gospel Overshadows the Gospel of Christ (Grand Rapids, MI: Kregel, 2011, 2017

«پاش ئەوەی سلێمان پەرستگای یەزدان و کۆشکی پاشای تەواو کرد، هەروەها هەمووو ئەوانەشی کە بەبیریدا هات لە پەرستگای یەزدان و کۆشکەکەی خۆی بیکات تێیدا سەرکەوتوو بوو» (دووەم پوختەی مێژوو ٧: ١١). پاشان یەزدان لە شەودا بۆ سلێمان دەرکەوت و قسەی لەگەڵ کرد (دووەم پوختەی مێژوو ٧: ١٢). ئینجا نووسراوە:

«کاتێک ئاسمان دادەخەم و باران نابارێت و کاتێک فەرمان بە کوللە دەکەم بەروبوومی خاکەکە بخوات یان پەتا دەنێرمە ناو گەلەکەم، ئینجا کە گەلەکەم ئەوەی بە ناوی منەوە بانگ دەکرێت، بێفیز بوون و نوێژیان کرد و ڕوویان لە من کرد و لە ڕێگا خراپەکانیان گەڕانەوە، من لە ئاسمانەوە گوێ دەگرم و لە گوناهەکانیان خۆشدەبم و خاکەکەیان چاک دەکەمەوە» (دووەم پوختەی مێژوو ٧: ١٣- ١٤).

یەکێک لەو بەڵگانەی کە دەیسەلمێنێت ئەم بەڵێنە مەرجییە بە تایبەتی بۆ گەلی دێرینی خودایە، واتە گەلی ئیسرائیل کە لە ئایەتی سێزدەدا ئاماژەی پێی کراوە. سلێمانی پاشا پێشتر ئاماژەی بە هەمان حوکمی کاتی یەزدان کردبوو بەهۆی گوناهەکانی ئیسرائیلەوە - وشکەساڵی، وێرانبوونی دەخڵودان و نەخۆشییە مەترسیدارەکان - پێشتر لە کاتی نوێژکردنی بۆ پەرەستگای ئۆرشەلیم (دووەم پوختەی مێژوو ٦: ٢٦، ٢٨). هەروەها خوێنەری وریای پەیمانی کۆن ئەم کۆمەڵە نەفرەتە دەناسێتەوە لە لیستی ئاگادارییەکانی خودا کە ئاراستەی ئیسرائیلی کردوون تەنانەت پێش ئەوەی کە پێ بنێنە نێو خاکی بەڵێندراوەوە (دواوتار ٢٨: ٢٠- ٢٤).

یەزدان چەندین بەڵێن و ئاگاداری ئاراستەی گەلە دێرینەکەی کرد کە پەیوەست بوون بە گوێڕایەڵی ئەوانەوە. ئەگەر ئیسرائیلییەکان متمانەیان بە یەزدان بکردبا و دڵسۆزانە گوێڕایەڵی دەنگی یەزدانیان بوونایە، ئەوا بەرەکەتەکانی خودا بەسەریاندا دەڕژا. بەڵام ئەگەر باوەڕی پێ نەکەن و گوێڕایەڵی وشە باشەکانی نەبن، ئەوا لە ئەنجامدا تووشی حوکمدان و ئاوارەیی دەبنەوە (دواوتار ٢٨: ٦٣- ٦٤). سەرەڕای ئاگادارییە ڕوونەکانی خودا بۆ موسا و داود و سلێمان، گەلی خودا گوناهی زۆر گەورەیان کرد، وە لە کۆتاییدا شانشینەکەیان دابەش بوو، پەرستگا وێران کرا و گەلی خودا ڕاپێچی وڵاتانی بێگانە و نامۆ کران، ڕێک بەو جۆرەی کە خودا بەڵێنی دابوو.

پێشـتر تیشـكمان خسـته سـەر دەور و ڕۆڵـی ئیسرائیـل لـە پلانـی ئاشـكراكراوی ڕزگاریـدا. لـە وەرزی سـێدا گوتمـان:

ئیسرائیـل، كـە خـودا بـە كـوڕە نۆبـەرەی خـۆی نـاوزەدی دەكات (دەرچـوون ٤: ٢٢)، دەبنـە جۆرێـک لـە نوێنـەری كاهینیەتـی هەمـوو جیهـان، ڕێـك وەكـو ئـادەم. سـەرنجی ئـەوە بـدە كـە یـەزدان پێـی فەرمـوون: «ئەگـەر ئێـوە بـە تـەواوی گوێـم لـێ بگـرن و پەیمانەكـەم بپارێـزن، ئـەوا گەنجینەیەكـی تایبـەت دەبـن بـۆ مـن لەنێـو هەمـوو گەلان. هەرچەنـدە هەمـوو زەوی هـی منـە، بـەڵام ئێـوە بـۆم دەبنـە پاشـایەتی كاهینـان و نەتەوەیەكـی پیـرۆز.» (دەرچـوون ١٩: ٤- ٦). خـودا دەیویسـت كـە پیرۆزبوونـی ئیسرائیـل ڕەنگدانـەوەی پیرۆزبوونـی پاشـاكەیان بێـت: «دەبێـت پیـرۆز بـن، چونكـە مـن پیـرۆزم، یەزدانـی پەروەردگارتانـم» (لێڤییـەكان ١٩: ٢). ئەگـەر گەلـی ئیسـرائیل متمانـە بـە وشـە باشـەكانی یـەزدان بـكات و گوێڕایەڵـی بـن، ئـەوا دەبنـە گەلێكـی بـێ هاوتـا كـە دانایـی پاشـاكەیان بـە هەمـوو خەڵكـی جیهـان نیشـان دەدەن. گەلـی ئیسرائیـل بـە ئەنجامـدان و پاراسـتنی فەرمـان و ڕاسـپاردەكانی پاشـا، دانایـی خـودا بـۆ جیهـان دەردەخـەن (دواوتـار ٤: ٤- ٦). (بڕوانـە وەرزری سـێیەم، پاشـا فەرمـان دەدات).

لەگـەڵ بەرەوپێشـچوونی چیرۆكـی كتێبـی پیـرۆزدا، بینیـمان كـە لـەو شـوێنەی كـە ئێسرائیـل كـەوت و شكسـتی خـوارد، عیسـا كـە نـەوەی ڕاسـتەقینەی ئیبراهیمـە، سـەلماندی كـە كـوڕی وەفـادار و دڵسـۆزی خودایـە. عیسـا گەلـی بـۆ خـۆی كڕییـەوە. وە ئـەم گەلـە، واتـە كڵێسـاكەی، كـە لـە جولەكـە و ناجولەكـە پێكهاتـووە، لـە ڕێگـەی باوەڕكردنـی بـە مـژدەی مەسـیح یەكیـان گرتـووە. كڵێسـای خـودا دانایـی خـودا لـە ئاسـماندا ئاشـكرا دەكات (ئەفەسـۆس ٣: ١٠) و بایـەخ و بەهـا بێهاوتاكـەی بـە جیهـان ڕادەگەیەنێـت. پەترۆسـی نێـردراو بـەم جـۆرە وەسـفی كڵێسـا دەكات:

«گەلێكـی هەڵبژێـردراون، كاهینێتـی شـاهانە، نەتەوەیەكـی پیـرۆز، گەلـی تایبەتـی خـودان، تاكـو چاكییەكانـی ئـەوە ڕابگەیەنـن كـە بانگـی كـردوون لـە تاریكییـەوە بـۆ ڕووناكییـە سـەیرەكەی. پێشتر گـەل نەبـوون، بـەڵام ئێسـتا گەلـی خـودان، پێشـتر بەزەییتـان وەرنەگرتبـوو، بـەڵام ئێسـتا بەزەییتـان وەرگـرت» (یەكـەم پەتـرۆس ٢: ٩- ١٠).

كەواتـە یەزدانناسـی بەپێـی كتێبـی پیـرۆز یارمەتیـمان دەدات لـەوە تێبگەیـن كـە نـە

ئەمریکا و نە هیچ وڵات و نەتەوەیەکی دیکەی ئەم جیهانە ئەمڕۆ گەلی پیرۆزی خودا نییە؛ بەڵکو کڵێسا گەلی پیرۆزی خودایە. ئەمریکا شارێک نییە کە لەسەر شاخێک بنیات نرابێت، بەڵکو کڵێسا ئەو شارەیە کە لەسەر شاخێک بنیات نراوە.

ئەمە یارمەتی کڵێساکان دەدات کە خۆیان لەو بۆچوونە هەڵە و پووچە بەدووربگرن کە گوایە ئەرکی کڵێسا ئەوەیە ئیش لەسەر چاکبوونەوەی ئەمریکا یان هەر وڵاتێکی دیکە بکەن. لە جێگەی ئەوە، شوێنکەوتووانی مەسیح تێدەکۆشن کە ببنە مایەی بەرەکەت بۆ هەموو گەل و نەتەوەکان لە ڕێگەی بڵاوکردنەوەی مزگێنی مەسیح (کرداری نێردراوان ٨: ٤)، هەروەها لە ڕێگەی ئەوەی کە وەکو خزمەتکارانی خودا دەژین (یەکەم پەترۆس ١: ١٣- ١٧) جا ئیدی گرنگ نییە کە خودا لە کوێ نیشتەجێی کردبێتن (کرداری نێردراوان ١٧: ٢٦).

کڵێسای شۆربای چێشتخانە

ڕامان و سەرنجدان لە تەواوی چیرۆکی کتێبی پیرۆز، یارمەتی کڵێساکان دەدات کە باشتر تیشک بخەنە سەر ئەوەی کە خودا تیشکی خستووەتە سەر سەبارەت بە ئەرکی کڵێسا. لە وانەی یەکەمدا سەرنجی نموونەی «کڵێسای شۆربای چێشتخانە»مان دا. یارمەتیدانی تێرکردنی برسییەکان، گرنگیدان بە بێنەوایان یان خزمەتکردنی هەژاران، چ گرفت و کێشەیەکی هەیە؟ مەگەر نابێت باوەڕداران هەوڵی کەمکردنەوەی ئازاری ئەو کەسانە بدەن کە لە دەوروبەریانن و لە هەر کات و شوێنێکدا کە دەتوانن یارمەتی درواسێکەیان بدەن؟

بێگومان! کڵێسای خۆجێیی دەتوانێت ئەم جۆرە خزمەتانە لە کارە سەرەکییەکان بێت و کەسانی تایبەت بۆ دابینکردنی ئەم خزمەتی بەزەییە تەرخان بکات. خزمەتی بەزەیی دەرفەتێکی زۆر جوانە بۆ دابینکردنی پێویستییە سەرەکی و هەنووکەییەکان لە کاتێکدا گرنگترین و زەروورترین چارەسەر بە گوناهباران بناسێنیت، کە ئەویش بریتییە لە پێویستیی ڕاستودروست بوون لەگەڵ بەدیهێنەرە پیرۆزەکەمان لە ڕێگەی باوەڕکردن بە عیسای مەسیح.

لە وانەی چوارەمدا، ئەمەمان خوێندەوە:

ئەوانــەی کــە داواکارییــە جیهانییەکــەی مەســیح بــۆ تۆبەکــردن ڕەت دەکەنــەوە، ڕووبەڕووی دادوەرییەکی توند دەبنەوە «لە کاتی ئاشکراکردنی عیسای خاوەن شکۆ لـە ئاسـمان لەگـەڵ فریشـتە بـە تواناکانـی لـە گـڕی ئاگـر. سـزای ئەوانـە دەدات کـە خـودا ناناسـن و گوێڕایەڵـی پەیامـی ئینجیلـی عیسـای خـاوەن شـکۆمان نابـن» (دووەم سـالۆنیکی ١: ٧- ٨). کاتێـک کـە پاشـا دەگەڕێتـەوە، یاخیبوونی جیهانـی دژی فەمانڕەواییە بـاش و دروسـت و پیرۆزەکـەی، لەناودەچێـت. عیسـا ڕایدەگەیەنێـت کـە «ترسـنۆک و بێبـاوەڕ و قێزەونـان، هەروەهـا بکـوژ و داوێنپیـس و جادووگـەر و بتپەرسـتان، لەگـەڵ هەمـوو درۆزنـان، بەشـیان لـە دەریاچـەی بـە ئاگـر و گۆگـرد داگیرسـاوە کـە مردنـی دووەمـە» (ئاشـکراکردن ٢١: ٦- ٨). (بڕوانـە بەشـی چـوارەم، پاشـا دەگەڕێتـەوە).

کەواتـە یەزدانناسـی بەپێـی کتێبـی پیـرۆز فشـارمان دەخاتـە سـەر کە لەژێر ڕۆشـنایی ڕۆژی دواییـدا خزمەتەکانـی بەزەیـی کڵێسـا هەڵبسـەنگێنین. کاتێـک کـە نـان بـە برسـی دەدەیـن و جل دەکەینـە بـەر هـەژاران، دەمانەوێـت کـە پاشـا لـەو ڕۆژەدا بفەرموێـت: «ڕاسـتیتان پێدەڵێـم، هەرچییەکتـان بـۆ یەکێـک لـەم بـرا بچووکانـەم کـردووە، بـۆ منتان کـردووە» (مەتـا ٢٥: ٤٠).

بـەڵام دەمانەوێـت لـەوەش دڵنیـا بیـن کـە کڵێسـاکەمان تەنهـا شـۆربای بێبەرامبـەر بـە خەڵکـی نەبەخشـێت، چونکـە ئێمـە داوامـان لێکـراوە کـە شـتێک ببەخشـین کـە دەتوانێـت بـۆ هەتاهەتایـە ئاسـوودە و تێـرت دەکات.

«مـرۆڤ تەنهـا بـە نـان ناژییـت، بەڵکـو بـە هـەر وشـەیەک کـە لـە دەمـی خـوداوە دێتـە دەرەوە» (مەتـا ٤: ٤).

ئـەم خزمەتـە بەزەییانـە هـەر چەنـدە بـاش و بـە کەڵـك بن، ئـەم هـەوڵ و تەقەلایانە کـە دەبنـە مایـەی شـکۆدارکردنی مەسـیح، نابێـت ببنـە جێگـرەوە یـان کەمکردنـەوەی لەپێشـینەبوونی ڕاگەیاندنـی ئینجیـل لـە ئەرکـی کڵێسـادا. تەنهـا ئینجیـل هێـزی خودایە بـۆ ڕزگارکردنـی هەمـوو ئەوانـەی کـە بـاوەڕ دەهێنـن (ڕۆمـا ١: ١٦). وە تەنهـا ئینجیـل دەتوانێـت مەترسـیی ترسـناکی ئـازاری هەتاهەتایـی نەهێڵێـت.

یەزدانناسی بەپێی کتێبی پیرۆز یارمەتی کڵێسا دەدات کە هەمیشە ئەم ڕاستییە تاڵەی لەبەرچاو ون نەبێت.

کڵێسای پشتڕاستکردنەوەی بەدڕەوشتی

کتێبی پیرۆز باوەڕداران ئاگادار دەکاتەوە کە کۆشش بکەن و هەوڵی بەدەستهێنانی پیرۆزبوون بدەن، چونکە بەبێ پیرۆزی ناتوانین پەروەردگار ببینین (عیبرانییەکان ١٢: ١٤). بەڵام بەداخەوە ئەمڕۆ چەندین کڵێسا لە جیهاندا ئەو شتانە پشتڕاست و پەسەند دەکەن کە وشەی خودا بە گوناهی ناوزەد کردووە (ڕۆما ١: ٣٢؛ یەکەم کۆرنسۆس ٦: ٩- ١٠).

گەلی خودا داوای لێ کراوە کە بە نوێکردنەوەی بیریان گۆڕانکاری بەسەر خۆیاندا بهێنن لە جێگەی ئەوەی کە شێوەی ئەم دنیایە وەربگرن (ڕۆما ١٢: ٢). ئەم ئاگادارییە توندە ڕووبەڕووی کڵێسای عیسای مەسیح کراوە: «نە جیهانتان خۆشبوێت، نە ئەو شتانەی لە جیهاندایە. ئەگەر یەکێک جیهانی خۆشبوێ، ئەوا خۆشەویستی باوکی تێدا نییە» (یەکەم یۆحەنا ٢: ١٥). لەگەڵ ئەوەشدا چەندین کڵێسا هەن کە چەندین کاری بەدڕەوشتی پشتڕاست دەکەنەوە و زۆریان بەلاوە گرنگە کە ببنە جێگەی پەسەندی ئەم جیهانە.

یەزدانناسی بەپێی کتێبی پیرۆز یارمەتیمان دەدات ئەوەمان لەبیربێت کە ئەرکی کڵێسا هەمیشە پێچەوانەی ئەرکی جیهان دەبێت. کڵێسای عیسای مەسیح لە تۆبەکردن و لەئاوهەڵکێشانی باوەڕدارانی مەسیح پێکدێت کە هەموو گوناهەکانیان بەخشراون و لەنێو خوێنی بەرخەکەدا شۆردراون (ڕۆما ٦: ١- ٤). کاتێک کە باوەڕدارا لە ڕێگەی باوەڕکردن بە ئینجیل، وەفا و دڵسۆزی خۆیان بۆ عیسای پاشا دووپات دەکەنەوە، ڕووبەڕووی جیهان و جەستە و شەیتان دەبنەوە. ئەمەش واتای ئەوە دەگەیەنێت کە ئەرکی کڵێسا ئاسان نابێت.

ئێمە لە وەرزی چوارەمدا ئەم ڕاستییەمان پێ گوتراوە:

ئەو ئەرکەی کە عیسا بە کڵێساکانی بەخشیوە، زەحمەتە و باج و بەهای

دەوێـت. بـە بـاوەڕ و گوێڕایەڵییـەوە شـوێنکەوتنی عیسـا، بەدڵنیاییـەوە بەرگەگرتنـی چەوسـانەوە و ئازارچەشـتن لەپێنـاو ئینجیلـدا بـەدوادا دێـت. بـەڵام کاتێـک کـە باوەڕداران بـە ئومێدەوە چاویـان لـە گەڕانـەوەی مەسـیح دەبێت، تەماشـای ڕابـردوو دەکـەن و ئەوەیـان لەبیـر دەبێـت عیسـای مەسـیح کـە ئێسـتا زینـدوو بووەتـەوە و لەسـەر تەختـی پاشـایی دانیشـتووە، ئەویـش خزمەتکارێـک بـوو کـە ئـازاری چەشـت و مـرد.

عیسـا بـە شـوێنکەوتووانی فەرمـوو: «خۆزگـە دەخوازرێـت بەوانـەی لـە پێنـاوی ڕاستودروسـتی دەچەوسـێنرێنەوە، چونکـە شانشـینی ئاسـمان بـۆ ئەوانـە. خۆزگـە دەخوازرێـت بـە ئێـوە کاتێـک خەڵکـی جنێوتـان پێـدەدەن و دەتانچەوسـێننەوە، لەبـەر مـن هەمـوو جـۆرە بوختانێکتـان بـۆ هەڵدەبەسـتن. دڵخـۆش و شـادمان بـن، لەبـەر ئـەوەی لـە ئاسـمان پاداشـتتان گەورەیـە، چونکـە پێـش ئێـوە پێغەمبەرانیشـیان ئـاوا چەوسـاندووەتەوە» (مەتـا ٥: ١٠- ١٢). پۆڵـس دواتـر دەنووسـێت: «هەمـوو ئەوانـەی دەیانـەوێ بـە لەخواترسـییەوە بـە یەکبـوون لەگـەڵ عیسـای مەسـیح بژیـن، دەچەوسـێنرێنەوە» (دووەم تیمۆسـاوس ٣: ١٢). باوەڕدارانیـش لـەم جیهانـە پـڕ لـە گوناهـەدا، وەکـو هەمـوو کەسـانی دیکـە، ئـازار دەچێـژن. بـەڵام بـە پێچەوانـەی ئەوانـەی کـە هێشـا لەنێـو گوناهدا دەژین، شـوێنکەوتووانی عیسـای پاشـا بەڵێنی سـزای زیاتریـن لـە لایـەن جیهانـەوە پێـدراوە کـە دوژمنـی ئەوانـە و ڕقـی لـە پـەروەردگارە و دژی گەلەکـەی دەوەسـتنەوە. (بڕوانـە وەرزی چـوارەم، پاشـا فەرمانڕەوایـی دەکات).

کەواتـە ئامانجـی ئەرکـی کڵێسـا بریتـی نییـە لـە وەرگرتنـی دەستخۆشـی کاتـی لـەم جیهانەیـە، بەڵکـو هـۆکاری سـەرهەڵدانی دڵخۆشـی و شـادییەکی زۆرە لـە ئاسـمان (لۆقـا ١٥: ٧، ١٠). کـەی ئاسـمان دڵخـۆش دەبێـت؟ عیسـا فەرمـووی: «پێتـان دەڵێـم: بـە هەمـان شـێوە، فریشـتەکانی خـودا دڵشـاد دەبـن کاتێـک گوناهبارێـک تۆبـە دەکات» (لۆقـا ١٥: ١٠).

تۆبەکـردن پشـتکردنە لـە گونـاه لـە ئەنجامـی بەزەیـی خـودا کـە لـە عیسـای مەسـیحدا هەیـە. کەواتـە کڵێسـای مەسـیح بـە خۆشەویسـتی و بێفیزییـەوە لـە پێنـاوی جیهـان، دژی خـودی جیهـان دەوەسـتێتەوە و داوای لـێ دەکات کـە پشـت لـە گونـاه بکـەن و تەنهـا بـاوەڕ و متمانـە بـە عیسـای مەسـیح بکـەن، چونکـە ئـەو ڕێـگا و ڕاسـتی

و ژیانـە، هیچ کەسێک نایـەت بـۆ لای بـاوک لـە ڕێگـەی ئـەوەوە نەبێـت (یۆحەنـا ١٤: ٦). یەکـەم داواکاری عیسـا لـە جیهـان بریتـی بـوو لـە تۆبەکـردن: «کاتەکـە هاتووەتـە دی و پاشـایەتی خـودا نزیـک بووەتـەوە. تۆبـە بکـەن، بـاوەڕ بـەم مزگێنییـە بهێنـن» (مەرقـۆس ١: ١٥). عیسـا هاتـە سـەر زەوی بـۆ ئـەوەی گوناهبـاران ڕزگار بـکات و بانگهێشـتیان بـکات بـۆ تۆبەکـردن. «نەهاتـووم ڕاستودروسـتان بانگهێشـت بکـەم، بەڵکـو گوناهبـاران بـۆ تۆبەکـردن» (لۆقـا ٥: ٣٢).

کەواتـە جێگـەی سەرسـامی نییـە کـە هەرکـە شـوێنکەوتووانی مەسـیح ڕۆحـی پیرۆزیـان لـە جەژنـی پەنجایەمینـدا وەرگـرت، پەتـرۆس و کڵێسـا تـازە لەدایکبووەکـەی ئۆرشـەلیم دەبـوا داوایـان لـە گوناهبـاران بکردبـا کـە تۆبـە بکـەن و بـاوەڕ بهێنـن (کـرداری نێـردراوان ٢: ٣٧- ٤١؛ ٣: ١٩؛ ٨: ٢٢؛ ٢٦: ٢٠). ئێسـتا خـودا «فەرمـان دەدات بـە هەمـوو کەسـێک و لـە هەمـوو شـوێنێک کـە تۆبـە بکـەن» (کـرداری نێـردراوان ١٧: ٣٠). ئێمـە وەکـو باڵیـۆز، لـە جێگـەی مەسـیح داوا لـە جیهـان دەکەیـن کـە «لەگـەڵ خـودا ئاشـت بنـەوە» (دووەم کۆرنسـۆس ٥: ٢٠).

کڵێسا خۆجێیـەکان باڵیۆزخانـەی ئینجیلـی پیـرۆزن. دەبێـت ئەرکـی سـەرەکی ئێمـە پێکهاتبێـت لـە ڕاگەیاندنـی مزگێنـی مەسـیح و داواکـردن لـە گوناهبـاران کـە تۆبـە بکـەن وە هـاوکات ئەوەشـمان لەبیـر بێـت کـە ئێمـەش خۆمـان تەنهـا لـە ڕێگـەی نیعمەتـی خـوداوە ڕزگارمـان بـووە. «جـا هەندێکتـان بـەم شـێوەیە بـوون. بـەڵام شـۆرانەوە و پیرۆزکـران و بێتـاوان کـراون بـە نـاوی عیسـای مەسـیحی خـاوەن شـکۆ و ڕۆحـی خودامـان» (یەکـەم کۆرنسـۆس ٦: ١١).

پەیوەندی نێوان یەزدانناسی بەپێی کتێبی پیرۆز و ئەرکی کڵێسا

وەکـو دەبینیـت، چۆنیەتـی ڕوانیـن و مامەڵەکردنـت لەگـەڵ چیرۆکـی کتێبـی پیرۆزدا بەتـەواوی کار دەکاتـە سـەر ئەرکـی کڵێسـا. گرنگـە کـە سـەرنجی ئـەم خاڵـە بدەیـت، چونکـە کاریگـەری دەبێـت لەسـەر فێرکردنـی وشـەی خـودا لـە لایـەن کڵێساکەوتەوە (بڕوانـە وەرزی پێنجـەم)، بودجـەی کڵێسـاکەت، وردەکاری ئیـش و کاری قەشـەکەت، هەروەهـا کار دەکاتـە سـەر چۆنیەتـی ژیانـی بـاوەڕداران لـە تـەواوی هەفتـەدا.

بـا دیسـان بیـر لـەو چیرۆکـە بکەینـەوە کـە لـە وەرزی سـێیەم و چوارەمـدا بینیـمان.

بەپێی بابەتە بنەڕەتییەکەی چیرۆکەکە، کڵێسا چ ئەرکێکی لەسەر شانە؟ دەتوانین بە دوو ڕێگە وەڵامی ئەو پرسیارە بدەینەوە بە پشت بەستن بە دوو ساتی ژیانی کڵێساوە: کاتێک کە کلێسا کۆ دەبێتەوە و کاتێک کە پەرشوبڵاو دەبێتەوە؟ کەواتە ئەرکی سەرەکی کڵێسا چییە؟ عیسا دەفەرموێت:

«هەموو دەسەڵاتێکم لە ئاسمان و لەسەر زەوی دراوەتێ. کەواتە بڕۆن، هەموو نەتەوەکان بکەنە قوتابی، بە ناوی باوک و کوڕ و ڕۆحی پیرۆز لە ئاویان هەڵبکێشن، فێریان بکەن با کار بکەن بە هەموو ئەو شتانەی کە ڕامسپاردوون. دڵنیابن من هەموو ڕۆژێک لەگەڵتانم، هەتا کۆتایی زەمان» (مەتا ٢٨: ١٨- ٢٠).

وەکو دەبینین لە ئەرکە مەزنەکەدا، عیسا داوا لە قوتابییەکانی دەکات کە گەلانی دیکە بکەنە قوتابی و خۆشیان ببنە قوتابی.[١٥]

کەواتە یەکەم و گرنگترین ئەرکی ئێمە بریتییە لە بەقوتابیکردنی هەموو نەتەوەکان. کاتێک خوشک و برایان کۆدەبنەوە، دەبێت ئەرک و خزمەتی بەقوتابیکردن بکەینە کار و ئیشی سەرەکیمان.

کاتێک کڵێسا کۆ دەبێتەوە، کۆمەڵەی گەلی خودا لە دەوری وشەی خودا کۆ دەبنەوە. ئێمە وشەی خودا دەخوێنینەوە، ڕایدەگەیەنین، لە نوێژ و نزا و گۆرانییە ڕۆحییەکاندا بەکاریدێنین، وە لە ڕێوڕەسمی لەئاوهەڵکێشان و خوانی پەروەردگاردا وشەکە «دەبینین».[١٦] کاتێک کە کۆدەبینەوە، دەبێت تیشک بخەینە سەر ڕاگەیاندنی مەسیح لە هەموو کتێبی پیرۆز، چونکە «باوەڕ بە بیستنە و بیستنیش بە وشەی مەسیحە» (ڕۆما ١٠: ١٧). دەبێت قەشەکان هەوڵ بۆ ئەمە بدەن:

«ئامادەکردنی گەلی پیرۆزی خۆی بۆ کاری خزمەت، بۆ بنیادنانی جەستەی

---

١٥ بۆ زانیارییەکی تەواو لەسەر ئەم بابەتە بڕوانە ئەم پەڕتووکە:
Jonathan Leeman, "The Soteriological Mission,"in Four Views on the Church's Mission, Ed. Jason (.S. Sexton (Grand Rapids, MI: Zondervan, 2017

١٦ Mark Dever and Paul Alexander, The Deliberate Church: Building Your Ministry on the Gospel (Wheaton, IL: Crossway, 2005), 81- 86

مەسیح، هەتا هەموومان بگەین بە یەکێتی باوەڕ و ناسینی کوڕی خودا، ببینە مرۆڤێکی پێگەیشتوو، بگەینە ئەندازەی تەواوی پڕێتی مەسیح. بۆ ئەوەی لەمەولا ساوا نەبین، شێواو و هەڵگێڕاو بە هەموو بایەکی فێرکردن، بە فێڵی خەڵکی، بە مەکر بەرەو چەواشەی تەڵەکەبازی» (ئەفەسۆس ٤: ١٢- ١٤).

کاتێک کە کڵێسا کۆ دەبێتەوە، پێویستە ئەندامێتیی کڵێسا بە جدی وەربگرین، چونکە گوێڕایەڵبوون لەو فەرمانانەی مەسیح لەخۆ دەگرێت کە سەبارەت بە لەئاوهەڵکێشان و خوانی پەروەردگارە. بە باشی بەڕێوەبردنی ڕێوڕەسمە ئایینییەکانی کتێبی پیرۆز هاوشانی بەرپرسیاریەتی وەرگرتنی ئەندامی نوێ و جێبەجێکردنی نەزم و ڕێکخستنی کڵێسایە (مەتا ١٨: ١٥- ١٧؛ یەکەم کۆرنسۆس ٥: ١- ١٣). کڵێسای کۆبووەوە کە تایبەت و پیرۆز و جیاوازە لە جیهان، خۆشەویستییەکی ڕۆحی بەرامبەر یەکتر دەردەبڕن کە سەرچاوەکەی لە ئینجیلی پیرۆزەوەیە، بۆ ئەوەی بە نیعمەتی خودا جیهان بەرەو مەسیح ببەن. «بەمە هەموو خەڵک دەزانن کە قوتابی منن، ئەگەر خۆشەویستیتان بۆ یەکتری هەبێت» (یۆحەنا ١٣: ٣٥).

یەکەم ئەرکی سەرەکی ئێمە ئەوەیە کە قوتابی بۆ پاشا زیندووبووەوەکەمان دروست بکەین، لە ڕێگەی مزگێنییەکەی و بە هێزی ڕۆحی پیرۆزی، بۆ شکۆی خودای باوک.

دووەم ئەرکی سەرەکی ئێمە ئەوەیە کە خۆمان ببینە قوتابی. ئەمە ئەو شتەیە کە داوامان لێکراوە تەواوی ڕۆژانی هەفتە ئەنجامی بدەین، هەم بە تەنها و هەم لەگەڵ ئەندامانی دیکەی کڵێسادا.

کاتێک کە کڵێسا پەرشوبڵاو دەبێتەوە، دەبێت هەوڵ بدەین کە ببینە قوتابی عیسا و پەیامی ڕزگاری نیعمەتی خودا بڵاو بکەینەوە بۆ هەر شوێنێک کە دەچین، چونکە «هەرکەسێک بە ناوی یەزدانەوە بپاڕێتەوە ڕزگاری دەبێت» (ڕۆما ١٠: ١٣). ئێمە نوێژ دەکەین و لە پەروەردگار دەپاڕێینەوە کە خێزان و هاوڕێ و دراوسێ و هاوکارە بێ باوەڕەکانمان ڕزگار بکات (ڕۆما ١٠: ١). ئێمە بوێرانە و بێفیزانە وشەی ڕاستی ڕادەگەیەنین کە مزگێنیی ڕزگاریمانە، چونکە دیسان «باوەڕ بە بیستنە، بیستنیش بە وشەی مەسیحە» (ڕۆما ١٠: ١٧)، وە لەبەر ئەوەی کە تەنها ئینجیل

«هێزی خودایە بۆ ڕزگاربوونی هەموو ئەوانەی باوەڕ دەهێنن، یەکەم جار بۆ جولەکە ئینجا بۆ ناجولەکە» (ڕۆما ١: ١٦).

کاتێک کە کڵێسا پەرشوبڵاو دەبێتەوە، هەموو ئەرکە جیاوازەکانمان وەکو ڕێگایەک بۆ شکۆدارکردنی پاشاکەمان بەکاردێنین. ئەمەش واتای ئەوە دەگەیەنێت کە دەبێت لە هەموو لایەنەکانی ژیانمان پەروەردگار و دراوسێکەمان خۆش بوێت. بوون بە قوتابیی عیسای پاشا، واتە گرنگ نییە کە لە کوێی، تۆ لە پێناو شکۆدارکردنی ئەودا دەژیت و ئیش بۆ ئەو دەکەیت. «هەر چییەک دەکەن، بە دڵ بیکەن، وەک بۆ مەسیح بێت، نەک بۆ خەڵکی، بزانن لەلایەن مەسیحەوە پاداشتی میرات وەردەگرن، چونکە خزمەتی مەسیحی خاوەن شکۆ دەکەن» (کۆلۆسی ٣: ٢٣- ٢٤). ئەم هەوڵ و تەقەلایانە بە تەنها ئەنجام نادرێن، بەڵکو وەکو بەشێک لە کۆمەڵەی باوەڕدارانی کڵێسا خۆجێییەکە هەڵدەستن بە ئەنجامدانی.

هەوڵدان بۆ بوون بە قوتابی مەسیح واتە دانان بە گرنگی و بایەخی خێزان لە کاتێکدا نایکەینە بت و نموونەی ژیانمان. هەروەها بوون بە قوتابی مەسیح واتە گرنگیدان بە دادپەروەری و سیاسەت بە شێوازێک کە دڵسۆز و وریای ئەوە بین کە ویژدانی خوشک و برایانی باوەڕدارمان نەبەستینەوە بە بابەتی لایەنگری و کردەییەوە.

لە هەموو شتێکدا، بوون بە قوتابی مەسیح واتە هەوڵدان و تێکۆشان بۆ شکۆردارکردنی خودا لە ڕێگەی ئەنجامدانی کاری چاکە و شکۆدارکردنی مەسیح لە هەموو کاروبارێکدا. پەترۆس دەڵێت:

«با لەنێو بێباوەڕاندا ڕەوشتتان باش بێت، تاکو کاتێک بوختانتان پێ دەکەن گوایا ئێوە بەدکارن، کردەوە چاکەکانتان ببینن و لە ڕۆژی بەسەرکردنەوەی خوداش ئەوان شکۆداری بکەن. لەبەر مەسیحی باڵادەست ملکەچی هەموو دەزگایەکی مرۆڤانە بن: بۆ پاشا وەک دەسەڵاتدار، یان بۆ پارێزگاران وەک نێردراوی ئەو بۆ سزادانی بەدکاران و ستایشی چاکەکاران، چونکە خواستی خودا ئاوایە، بە چاکەکاری نەزانی گێلەکان بێدەنگ بکەن. وەک مرۆڤی ئازاد بژین، بەڵام نەک

ئازادی پەردەی بەدکاری بێت، بەڵکو وەک بەندەی خودا بژین. ڕێز لە هەمووان بگرن، هاوباوەڕانتان خۆشبوێ، لە خودا بترسن، ڕێز لە پاشا بگرن» (یەکەم پەترۆس ٢: ١٢- ١٧).

بەم ڕێگا و شێوازانە، کڵێسای مەسیح، جا ئیدی کۆبووەوە بن یان پەرشوبڵاو بن، هەوڵ دەدەن گەلانی دیکە بکەنە قوتابی و خۆیانیش قوتابی بن، هەتا ئەو کاتەی کە عیسا دەگەڕێتەوە سەر زەوی و پڕی دەکات لە زانیاری شکۆمەندییەکەی.

دەرەنجام

دەکرێت سەرنجی شتێکی شکۆدار و جوان نەدەین، تەنانەت کاتێک کە لەبەرچاومانە.

لە ٢٠٠٧/١/١٢ گەنجێک لە وێستگەی میترۆی (واشنگتن دی سی) لە (لێ ئێنفۆن پلازا) هاتە دەرەوە و لە تەنیشت تەنەکەیەکی خۆڵ دانیشت. گەنجەکە تیشێرت و کابۆی لەبەر بوو، هەوەها کڵاوێکی بەیسبۆڵیشی لەسەر بوو. لە ناو جانتاکەیدا کەمانچەیەکی دەرهێنا و ڕووی جانتاکەی بە کراوەیی کردە خەڵکی و دەستی کرد بە ژەنینی مۆسیقا.

کاتژمێر 7:51 ی بەیانی ڕۆژی هەینی بوو، کە قەرەباڵغترین کاتی ڕۆژە. گەنجە کەمانچەژەنەکە چل و سێ خولەک شەش پارچە مۆسیقای کلاسیکی ژەنی، لەکاتێکدا نزیکەی ١١٠٠ کەس لەبەردەمیدا تێپەڕ دەبوون. ئایا هیچ کام لەو کەسانە ڕاوەستان بۆ ئەوەی چێژ لە مۆسیقاکە وەربگرن؟

کەمانچەژەنێک لە دەرەوەی وێستگەی میترۆ کە پاڵی بە دیوارێکەوە داوە، مۆسیقاژەنێکی ئاسایی نەبوو. ناوی ئەو کەسە (جاشوا بێڵ) بوو، کە یەکێک بوو لە باشترین مۆسقاژەنە کلاسیکەکانی جیهان. ئەو لە تەمەنی چوارساڵیدا بەهرە و توانای تایبەتی لە بواری مۆسیقادا هەبوو، کە ئێستا بلیمەتی ئەو بوارەیە. ئەو هۆڵی کۆنسێرتەکان لە جیهاندا پڕ دەکات لە ئامادەبووان. پارچە مۆسیقاکانی بێڵ لەو بەیانییەدا ، زۆر لە سەرووی ئاساییەوە بوو.

بێڵ لەو چل و سێ خولەکەدا پارچە مۆسیقای ناوازەی ژەنی کە بۆ ماوەی چەندین سەدە ماونەتەوە، کە یەکێک بوون لە جوانترین ئەو پارچە مۆسیقایانەی کە هەتا ئێستا نووسراون. وە ئەو مۆسیقا جوانانەی بە یەکێک لە بەهادارترین ئەو کەمانچانەی کە هەتا ئێستا دروست کرابێت. کەمانچەکەی بێڵ لە براندی ستراديڤاريوس بوو کە لە ساڵی ١٧١٣ ز. دروست کراوە و بەهاکەی سێ ملیۆن و نیو دۆلاری ئەمریکییە.

ئەو بەیانییەی ڕۆژی هەینییە لە ساڵی ٢٠٠٧، زیاتر لە هەزار کەس بلیتی

خۆڕاییـان بـۆ ڕیـزی یەکەمـی کۆنسـێرتێکی جـوان پێدرابـوو کـە یەکێـک لـە باشـترین مۆسـیقاژەنەکانی جیهـان بەڕێـوەی دەبـرد - بـەڵام ئەگـەر چـاوی بینیـن و گوێـی بیسـتنیان هەبووایـە بـۆ ئـەوەی بیانتوانیبـا چێـژ لـەو شـانازییە سەرسـوڕهێنەرە وەربگـرن. بـەڵام ئەوانـەی کـە لـە وێسـتگەی میترۆکـەدا ڕاوەسـتان و چێژیـان لـە مۆسـیقا مەزنەکـەی بێـل وەرگـرت، ژمارەیـان لـە پەنجەکانـی دەسـت تێنەدەپەڕیـن.[١٧]

ئێمـە هەموومـان ڕووبـەڕووی حاڵەتـی لـەو شـێوەیە بووینەتـەوە. سـەرقاڵبوون بـە ژیـان و پەلاماردانـی پێداویسـتییەکان و ژیانـی بەبێ وچـان هەتـا ئـەو کاتـەی کـە لـە هێـز و توانـا دەکەویـت، دەکرێـت بەبێ ئـەوەی کـە بمانەوێـت کاریگـەری لەسـەرمان هەبێـت و لـە ئاسـت بینینـی ئـەوەی کـە بەڕاسـتی گرنـگ و جـوان و بەهـادارە کوێرمـان بـکات، تەنانـەت ئەگـەر ڕێـک لەبەرچاویشـمان بێـت. ژیـان لـەم جیهانـە پڕ لە گوناهـەدا، دەتوانێـت بـە ئاسانی وا لـە دڵـمان بـکات کـە هەسـت بـە شـتە جـوان و سەرسـوڕهێنەرەکان نەکەیـن، تەنانـەت کاتێـک کـە شـانازی بینینـی شـتێکی زۆر مـەزن و تایبـەت و جوانمـان هەیـە.

مـن (نیـک) هەندێـک جـار لـە کاتـی خوێندنـەوەی کتێبـی پیـرۆزدا بـەم جـۆرەم بەسـەردێت. لەوانەیـە تـۆش وات بەسـەر هاتبێـت. تەنانـەت دەزانـم کـە وشـەی خودایـە (زەبـوورەکان ١٩: ١٠)، بـەڵام زۆر جـار کـە دێتـە سـەر جێبەجێکـردن و کـردار، باوەڕکـردن پێـی کارێکـی ئاسـان نییـە. ئـەو شـکۆ و مەزنییـە لەدەسـت دەدەم کـە ڕێـک لەبەرچاومـە. ناتوانـم بوەسـتم و بـە پشـوودرێژی و نوێـژەوە گـوێ لـە سـەمفۆنیا و ئـاوازی کتێبـی پیـرۆز بگـرم.

بۆیـە، بـە بێفیزییـەوە ئومێـدی ئـەوە دەخوازیـن و لـە یـەزدان دەپاڕێینـەوە کـە لـە کاتـی خوێندنـەوەی ئـەم پەڕتووکـەدا، شـانازیی بێوێنـەی ئـەوەی کـە دەتوانیت عیسـای مەسـیح بناسـیت و خۆشـبوێت، تـام کردبێـت و بینیبێـت لـە کاتێکـدا لـە نێـو تـەواوی نـووسراوە پیرۆزەکانـدا دەرکەوتـووە. نوێـژ دەکەیـن کـە زیاتـر لـەوە تێگەیشـتبێتیت کـە بۆچـی یەزدانناسـی بەپێـی کتێبـی پیـرۆز ئەوەنـدە پێویسـت و گرنگـە. عیسـای مەسـیح سـەرچاوەی هەمـوو بەرەکەتەکانـە، وە یەزدانناسـی بەپێـی کتێبـی پیـرۆز نەخشـەیەکە کـە یارمەتیـت دەدات و دەمانگەیەنێتـە ئـەو سـەرچاوە بـەردەوام و نەبڕاوەیـە. ڕۆحـی

[١٧] Gene Weingarten, "Pearls Before Breakfast," Washington Post Magazine, April 3, 2007

پیـرۆز کـەم کـەم یارمەتیـمان دەدات ئـەوە ببینیـن کـە چـۆن نەخشـەی شـکۆداری کتێبـی پیـرۆز بـەرەو پاشـای هەسـتاوە و دەسـەڵاتدارمان دەبـات، هەروەهـا وا دەکات کـە درک بـەوە بکەیـن کـە پاشـا لـە ڕێگـەی خوێنـی پیرۆزیـەوە گەلێکـی بـە مەبەسـتی شـکۆدارکردن و ستایشـی خـۆی کڕییـەوە.

ئومێـد دەخوازیـن و نوێـژ دەکەیـن کـە چـاو و بیـری ئێمـەش وەکـو ئـەو قوتابییانەی سـەر ڕێگـەی ئەمـواس بکرێتـەوە (لۆقـا ٢٤: ٣١، ٤٥) بـۆ ئـەوەی عیسـا لـە هەمـوو نـووسراوە پیرۆزەکانـدا بناسینەوە تاکـو هەموومـان لـە قووڵایـی دڵمانـەوە لـە تـەواوی کتێبـی پیـرۆزدا خۆشـمان بوێـت (لۆقـا ٢٤: ٣٢). پاشـاکەی ئێمـە لـەوە کەمـتری شـایان نییـە.

پەترۆسی نێردراو لە یەکەم نامەیدا دەنووسێت:

«ئـەو پێغەمبەرانـەی کـە پێشـبینییان کـرد لەسـەر ئـەو نیعمەتـەی کـە خـودا بـۆ ئێـوەی ئامـادە کردبـوو، بـە وردی لێکۆڵینەوەیـان لـە بابەتـی ئـەو ڕزگاربوونـە کـرد و بەدوایـدا گـەڕان، ڕۆحـی مەسـیح کـە تێیاندابـوو، ئـاگاداری دەکردنـەوە سـەبارەت بـە ئازارەکانـی مەسـیح و ئـەو شـکۆداربوونەی لـەدوای ئازارەکانـەوە دێـت، هەوڵیـان دەدا کـە بزانـن ڕۆحـی پیـرۆز ئامـاژە بـە چـی دەکات لەبـارەی کاتـی ڕوودانەکـەی یـان بارودۆخـی جیهـان لـە کاتـی ڕوودانەکـەی. بۆیـان ئاشـکرا کـرا کـە پەیامەکـە بـۆ خۆیـان نەبـوو، بەڵکـو بـۆ ئێـوە بـوو، واتـە ڕووداوەکان لـە سـەردەمی ئێـوە ڕوودەدەن. ئێسـتا پێتـان ڕاگەیەنـرا بەهـۆی ئەوانـەی مزگێنییـان پـێ بەخشـین بـە یارمەتـی ڕۆحـی پیـرۆز، کـە لـە ئاسـمانەوە نێـردراوە. ئەمانـە ئـەو ڕووداوانـەن کـە فریشـتەکانیش بـە پەرۆشـن لێیـان ورد ببنـەوە» (یەکـەم پەتـرۆس ١: ١٠- ١٢).

ئـەو ڕزگارییـە شـکۆدارەی کـە بەهـۆی مەسـیحەوە هەمانـە، لـە لایـەن پێغەمبەرانـی خـوداوە لـە پەیمانـی کۆنـدا پێشـبینی بـۆ کـراوە و لـە کاتـی ئێسـتادا کێشمەکێشـی تونـدی نێـوان فریشـتەکانی خودایـە. بـەوردی بیـر لـەو پێگـە پـڕ لـە شـانازییە بکـەوە کـە بەهـۆی مەسـیحەوە هەتـە! پاشـان بـە پشـت بەسـتن بـە ڕۆحـی خـودا، بـەردەوام بەوپـەڕی بێفیـزی و نوێـژەوە جیهانـی جوانـی خـودا بگـەڕێ بـۆ ئـەوەی دەوڵەمەنـدی زیاتـری شـکۆی نیعمەتـی خـودا لـە مەسـیحدا بدۆزیتـەوە.

نموونەی زیاتری یەزدانناسی بەپێی کتێبی پیرۆز

کاتێک من (نیک) فێر شتێکی نوێ دەبم، زۆربەی کات دەڵێم: «تکایە نیشانم بدە، تەنها پێم مەڵێ.» لە خوارەوە کۆمەڵێک نموونەی یەزدانناسی بەپێی کتێبی پیرۆز دەبینیت، کە لە ژانرە جیاوازەکانی کتێبی پیرۆزەوە وەرگیراون. دوای ئەوەی کە هەر یەکەیان بە کورتی لە کۆنتێکستی خۆیان دادەنێم، نیشانت دەدەم کە چۆن یەزدانناسی بەپێی کتێبی پیرۆز یارمەتی ڕوونکردنەوەی دەق دەدات بە شێوەیەک کە مەسیح ناوەند و چەقی بابەتەکە بێت.

یەکەم جار سەرنجی سێ دەقی پەیمانی کۆن دەدەین، دواتر سێ دەقی پەیمانی نوێ بۆ ئەوەی کە چۆن دەبێت ئەگەر بێتو لە ڕێگەی لێنز و هاوێنەی یەزدانناسی بەپێی کتێبی پیرۆزەوە بیخوێنینەوە و لێی تێبگەین.

«لە شار بەرەکەتدار دەبن» (دواوتار ٢٨: ١- ٦)

بینیمان کە دەقی بەبێ کۆنتێکست بیانووهێنانەوەیە بۆ بەکارهێنانی ئایەت و دەقێکی دیاریکراو بەبێ لەبەرچاوگرتنی بازنە و هەڵوێستی دەق. بە واتایەکی دیکە، ئەگەر دەقێکی کتێبی پیرۆز بەبێ لەبەرچاوگرتنی کۆنتێکستەکەی لێکبدەینەوە، ئەوا دەکەین شتێک بڵێت کە لەڕاستیدا نایڵێت. بۆ نموونە، با بڕوانینە ئەم کۆتا ئایەتانەی سیپارەی دواوتار:

«ئەگەر گوێڕایەڵی یەزدانی پەروەردگارتان بوون، هەتا ئاگاداربن کە کار بە هەموو فەرمانەکانی بکەن، کە من ئەمڕۆ فەرمانتان پێ دەکەم، ئەوا یەزدانی پەروەردگارتان لە سەرووی هەموو نەتەوەکانی سەر زەویتان دادەنێت. هەموو ئەم بەرەکەتانەتان دێتە سەر و پێتان دەگات، ئەگەر گوێڕایەڵی یەزدانی پەروەردگارتان بوون: لە شار بەرەکەتدار دەبن و لە دەشتودەریش بەرەکەتدار دەبن. بەری سکتان و بەروبوومی زەوییەکەتان بەرەکەتدار دەبن، بەری ئاژەڵە ماڵییەکانیشتان، گوێرەکەی گاگەلەکەتان و کاریلە و بەرخی مێگەلەکەتان. سەبەتە

و تەشتی هەویرتان بەرەکەتدار دەبێت. لە چوونە ژوورەوەتان بەرەکەتدار دەبن و لە هاتنەدەرەوەشتان بەرەکەتدار دەبن» (دواوتار ٢٨: ١- ٦).

مامۆستایانی ئینجیلی خۆشگوزەرانی لەوانەیە واتای ئەم دەقە بشێوێنن و بڵێن: «خودا بەڵێنی بەرەکەتداربوونت پێ دەدات! خودا بەڵێن دەدات کە بەرز و بڵندت بکات. بەڵێن دەدات کە بەرەکەت بەسەرتدا دەڕژێت. هەروەها بەڵێن دەدات کە لەنێو شار و لە ئیشەکەشتدا بەرەکەتدار دەبیت. هەروەها بەڵێنی ئەوەش دەدات کە منداڵەکانت و بەروبوومی زەوی و ئاژەڵەکانیشت بەرەکەتدار دەبن. تاکە شتێک کە پێویستە بیکەیت ئەوەیە کە گوێڕایەڵی یەزدان بیت و هەموو فەرمانەکانی جێبەجێ بکەیت، ئینجا لە لایەنی کۆمەڵایەتی و جەستەیی و ئابوورییەوە بەرەکەتدار دەبیت! ئێستا دەتوانیت ببیتە خاوەنی ئەم ژیانە بەرەکەتدارە. تەنها پێویستە گوێڕایەڵی یەزدان بیت».

دەبێت سەرنجی ئەوە بدەین کە ئەم دەقە بەڕوونی پەیوەندییەکی توندوتۆڵ لەنێوان گوێڕایەڵی و بەرەکەتدا دروست دەکات. ئەگەر گوێڕایەڵ نەبیت، ئەوا بەرەکەتدار نابیت. بەڵام لەگەڵ ڕوونبوونەوەی زیاتری چیرۆکی گەلی ئیسرائیل، دەبینین کە گوێڕایەڵی یەزدان نابن. خۆت دەتوانیت سیپارەی دواوتار بخوێنیتەوە. هەر قەشە و وتاربێژێک ئینجیلی خۆشگوزەرانی لەم دەقەدا ببینیت، ئەوا چاوی لە ئاست کۆنتێکست و چیرۆکی کتێبی پیرۆزدا نووقاندووە.

یەزدانناسی بەپێی کتێبی پیرۆز چۆن یارمەتیمان دەدات کە دڵسۆزانە ئەم دەقە لێکبدەینەوە؟ با یەکەم جار سەرنجی کۆنتێکستی پەیمانیی دەقەکە بدەین. لە (دواوتار ٢٨)، موسا داوا لە گەلی ئیسرائیل دەکات کە گوێڕایەڵی وشەی خودا بن بەهۆی ئەو پەیمانەی خودا لە شاخی سینا لەگەڵیان بەستی. موسا هاوکات بەرەکەتەکانی گوێڕایەڵی (٢٨: ١- ١٤) و نەفرەتە تۆقێنەرەکانی سەرپێچیکردنی (٢٨: ١٥- ٦٨) خستە بەردەمیان.

سەرنجی ئەوە بدەن کە چۆن موسا بە بەراورد بە بەرەکەتەکان، کاتێکی زۆرتری لە باسکردنی نەفرەتەکاندا بەسەر بردووە. ئەمە دەریدەخات کە خودی موساش دڵنیا نەبووە لەوەی کە گەلی ئیسرائیل لەدوای مردنی ئەو گوێڕایەڵی

یەزدان دەبن، جا ئیدی با باسی دوای ئەو کاتە نەکەین کە یەشوع دەیانباتە نێو خاکی بەڵێندراوەوە. لەڕاستیدا، کاتێک موسا تەماشای داهاتووی نزیکی ئیسرائیلی کرد، سەرپێچی و بتپەرستی و ڕاپێچکردنی بینی - دڵسۆزبوون و بەرەکەت و خۆشگوزەرانی نەبینی.

کاتێک کە موسا زیندوو بوو، گەلی ئیسرائیل گوێڕایەڵی فەرمانی یەزدانیان نەدەکرد. بۆچی ئەمە دەبێت لەدوای مردنی موسا گۆڕانکاری بەسەر بێت؟ یەزدان تەنانەت ئەوەی بە موسا گوت کە گەلی ئیسرائیل بەزوویی لە ڕێگەی سەرپێچی و بتپەرستییەوە ئەو پەیمانە دەشکێنن کە لە شاخی سینا لەگەڵیان بەستی: «ئەوەتا تۆ لەگەڵ باوباپیرانت سەردەنێیتەوە، جا ئەم گەلە هەڵدەستن و لەشفرۆشی لەگەڵ خوداوەندە بێگانەکانی ئەو خاکە دەکەن کە دەچنە ناوی. ئەوان وازم لێ دەهێنن و ئەو پەیمانەم دەشکێنن کە لەگەڵیان بەستوومە» (دواوتار ٣١: ١٦؛ ٣١: ٢٤- ٢٩).

کۆنتێکستی ئەم دەقە بەڕوونی پێمان دەڵێت کە گەلی ئیسرائیل گوێڕایەڵی پەیمانی خودا نابن و ناتوانن.

هەروەها ئێمەش ناتوانین! ئێمەش وەکو ئەوان بەر نەفرەتی خودا کەوتووین، نەک بەرەکەتەکانی. شەریعەتی یەزدان داوای گوێڕایەڵیی تەواو دەکات، بەڵام نیەت و خواستی دڵی گەلی ئیسرائیل و ئێمەش پڕە لە گوناە و حەزی لە خراپەیە (پەیدابوون ٦: ٥؛ ٨: ٢١؛ دواوتار ٣١: ٢١). تاکە ئومێدی ئێمە بۆ بەدەستهێنانی بەرەکەت ئەوەیە کە کەسێکی دیکە بەتەواوی گوێڕایەڵ بێت کە ئێمە نەمانتوانی، وە ئەو نەفرەتە هەڵبگرێت کە ئێمە بەهۆی سەرپێچیمانەوە شایانی بووین، هەروەها دڵی نوێمان پێ ببەخشێت تاکو گوێڕایەڵی فەرمانەکانی خودا بین و جێبەجێیان بکەین.

موسا دەیزانی کە گەلی خودا پێویستییەکی زۆریان بە پەیمانێکی نوێیە. وە لە ڕاستیدا (دواوتار ٢٩ - ٣٠) بەتایبەتی باسی ئەوە دەکات! موسا بە ئومێدەوە چاوی لە داهاتووی دوور دەکرد: «یەزدانی پەروەردگارتان دڵی خۆتان و دڵی نەوەکەتان خەتەنە دەکات، تاکو یەزدانی پەروەردگارتان پڕ بە دڵ و لە ناختانەوە خۆشبوێت بۆ

ئـەوەی بژیـن» (دواوتـار ٣٠: ٦؛ یەرمیـا ٣١: ٣٣؛ ٣٢: ٣٩- ٤٠؛ حزقێـل ١١: ١٩؛ ٣٦: ٢٦- ٢٧؛ کۆلۆسـی ٢: ١١). خـودا لـە داهاتـوودا پەیمانێکـی نوێ لەگـەڵ گەلەکەیـدا دادەمەزرێنێت.

هەواڵـی خۆشـتری زیاتـر بەڕێوەیـە! کەسـێك دێـت، پێغەمبەرێکـی وەکـو موسـا (دواوتـار ١٨: ١٥، ١٨؛ لۆقـا ٧: ١٦) کـە بـە تـەواوی دڵ و گیـان و بیـر و هێزیـەوە گوێڕایەڵـی یـەزدان دەبێـت؛ داواکارییەکانـی شـەریعەت دێنێتـە دی (مەتـا ٥: ١٧)؛ بەرەکەتـی پەیمانێکـی نـوێ بـۆ گەلەکـەی دەسـتەبەر دەکات (لۆقـا ٢٢: ٢٠). نـاوی عیسـا دەبێـت.

بـەڵام بـۆ ئـەوەی عیسا بتوانێـت ئـەم بەرەکەتانـە بـۆ گەلەکـەی مسـۆگەر بـکات، دەبوا بەرگـەی نەفرەتـی ئەوانـی بگرتبـا. پۆڵـس لـە نامەکەیـدا بـۆ گەلاتیـا، ئامـاژە بـە (دواوتـار ٢٧: ٢٦) دەکات و دەڵێـت: «هەمـوو ئەوانـەی پشـت بـە کـرداری شـەریعەت دەبەسـتن، لەژێـر نەفرەتـن، چونکـە نـووسراوە: هەرکەسـێک لـە هەمـوو نـووسراوی پەڕتووکەکانـی تـەورات نەچەسـپێت بـۆ پەیڕەوکـردن، نەفـرەت لێکـراوە» (گەلاتیـا ٣: ١٠).

بۆیـە پۆڵـس دەڵێـت، عیسـای مەسـیحی ڕاستودروسـت لەسـەر خـاچ لـە جێگـەی ئێمـە حوکـم درا: «مەسـیح ئێمـەی لـە نەفرەتـی شـەریعەت کڕییـەوە، بـەوەی لـە پێناومانـدا بـووە نەفـرەت، چونکـە نـووسراوە: هەرکەسـێک لەسـەر دار هەڵبواسرێـت نەفـرەت لێکـراوە. ئـەو ئێمـەی کڕییـەوە بـۆ ئـەوەی لـە ڕێگـەی عیسـای مەسـیحەوە بەرەکەتـی ئیبراهیـم بـۆ نەتـەوەکان بێـت، تاکـو بەهـۆی بـاوەڕەوە بەڵێنـی ڕۆحـی پیـرۆز بەدەسـتبهێنین» (گەلاتیـا ٣: ١٣- ١٤).

ئینجیلـی خۆشـگوزەرانی و پەیامـە هەڵـە و پووچەکانـی دیکـە وا دەکـەن کـە خـۆت بکەیتـە کارەکتـەری سـەرەکی کتێبـی پیـرۆز، بـەڵام لەڕاسـتیدا هەمـووی سـەبارەت بـە مەسـیحە.

«خودا لەسەر تەختی پیرۆزی خۆی دادەنیشێت» (زەبوورەکان ٤٧: ٨)

لـە وەرزی سـێ و چـوار، بابەتـی بەرجەسـتە و گرنگـی پاشـابوونی خودامـان لـە کتێبـی پیـرۆزدا بینـی. بـۆ نموونـە، بڕوانـە ئـەم ئایەتانـەی سـیپارەی زەبـوورەکان:

«خودا پاشایەتی نەتەوەکان دەکات،

خودا لەسەر تەختی پیرۆزی خۆی دادەنیشێت» (زەبوورەکان ٤٧: ٨).

(زەبـوورەکان ٤٧) داوکارییەکـە بـۆ هەمـوو جیهـان، «بـۆ هەمـوو گـەلان» کـە بـە خۆشـییەوە ستایشـی یـەزدان بکـەن (٤٧: ١). بۆچـی؟

«چونکە یەزدانی هەرەبەرز بە سامە،

پاشایەکی گەورەیە بەسەر هەموو زەوییەوە» (زەبوورەکان ٤٧: ٢).

دەبێـت هەمـوو زەوی ستایشـی یـەزدان بکـەن چونکـە ئـەو گەورەتریـن و مەزنتریـن پاشـای سەرتاسـەری زەوییـە. ئێمـە هەمـان پێکهاتـە لـە (زەبـوورەکان ٤٧: ٦- ٧)دا دەبینیـن. ئایەتـی شـەش داواکارییـە بـۆ گوتنـی هۆنـراوەی سـتایش و ئایەتـی حـەوت باسـی هۆکارەکـەی دەکات: «چونکـە خـودا پاشـای هەمـوو زەوییـە».

ئەمەش دەمانگەیەنێت بە (زەبوورەکان ٤٧: ٨):

«خودا پاشایەتی نەتەوەکان دەکات،

خودا لەسەر تەختی پیرۆزی خۆی دادەنیشێت.»

ئـەم ئایەتـە فێرمـان دەکات کـە خـودا فەرمانـڕەوای هەمـوو گـەل و نەتەوەکانـە. سـەرەڕای کەللەڕەقـی و سەرسـەختبوونیان، خـودا فەرمانڕەواییـان دەکات. پیرۆزەکـەی ئیسرائیـل لەسـەر تەختـە پیرۆزەکـەی دادەنیشـێت. یـەزدان پاشـایەتی دەکات. پاشـایەتیکردنی جیهـان لـە لایـەن خـوداوە یەکێکـە لـە بابەتـە سـەرەکییەکانی سـیپارەی زەبـوورەکان. لـە ڕاسـتیدا تـەواوی بەشـەکان ئـەم کۆرسـە نایابـە دووپـات دەکاتـەوە: «یـەزدان پاشـایەتی دەکات» (زەبـوورەکان ٩٣: ١؛ ٩٧: ١؛ ٩٩: ١).

«یەزدان خودایەکی گەورەیە،

پاشایەکی گەورەیە بەسەر هەموو خوداوەندەکانەوە» (زەبوورەکان ٩٥: ٣)

ئەگـەر هەندێـک بکشـێینەوە، دەبینیـن کـە چـۆن بابەتـی پاشـابوونی خـودا تیشـک

دەخاتـە سـەر کێشـەی گونـاه. کتێبـی پیـرۆز لـە (پەیدابـوون ٣) بـەولاوە باسـی چیرۆکـی پـڕ لـە خەمـی سـەرپێچیی گەلانمـان بـۆ دەکات دژی خـودا؛ ئـەوان وەکـو پاشـا ستایشـی یـەزدان ناکـەن. ئـەم یاخیبوونـە جیهانییـە بـە ڕوونـی لـە پلانـە پـڕ لـە شـاناز و لووتبەرزییەکـەی بنیاتنانـی قوولـەی بابلـدا دەردەکەوێـت (پەیدابـوون ١١: ١- ٩): «هەروەهـا گوتیـان: وەرن، بـا شـارێک بـۆ خۆمـان دروسـتبکەین لەگـەڵ قوللەیـەک کـە سـەری لـە ئاسـمان بـدات. ناوێکیـش بـۆ خۆمـان دروسـتدەکەین، تاکـو بەسـەر هەمـوو ڕووی زەویـدا پـەرت نەبیـن» (پەیدابـوون ١١: ٤). خـودا هـەوڵ و کۆششـە گوناهبارەکانـی بابلـی پووچـەڵ کـردەوە و لـە جێگـەی ئـەوە ئەبرامـی دەستنیشـان کـرد و بەڵێنـی دا لـە ڕێگـەی ئـەوەوە ناوێکـی مـەزن بـۆ خـۆی دروسـت دەکات (پەیدابـوون ١٢: ١- ٣). وە لـە ئەنجامـدا هەمـوو گەلانـی جیهـان لـە ڕێگەی خێزانەکـەی ئیبراهیمەوە بەرەکەتـدار دەبـن (پەیدابـوون ١٧: ٤- ٦: ٢٢: ١٧- ١٨).

جێگـەی سەرسـامییە کـە (زەبـوورەکان ٤٧) لـە کۆتـا ئایەتیـدا ئامـاژە بـەو بەڵێنـە دەکات کـە بـە ئەبـرام (ئیبراهیـم) دراوە:

«سەروەرانی گەلان وەک گەلی خودای ئیبراهیم کۆبوونەوە،

چونکە پاشاکانی زەوی هی خودان، ئەو پایەی زۆر بەرزبووەوە (٤٧: ٩).

ئـەم زەبـوورە ئامـاژە بـە ڕۆژگارێـک دەکات کـە هەمـوو گـەلان وەکـو پاشـای هەمـوو جیهـان، دان بـە یەزدانـی ئیسرائیلـدا دەنێـن. وە لـەوەش زیاتـر، خـودی گـەلان لێـرەدا بـە «سـەروەرانی گـەلان» ناویـان هاتـووە کـە «وەکـو گەلـی خـودای ئیبراهیـم» کـۆ دەبنەوە.

سـیپارەی زەبـوورەکان بـەو پاشـایانە دەسـتپێدەکات کـە ڕقیـان لـە یـەزدان و دەستنیشـانکراوەکەیەتی (زەبـوورەکان ٢: ١- ٣). بـەڵام (زەبـوورەکان ٤٧: ٨- ٩) باسـی ڕۆژگار و سـەردەمێکمان بـۆ دەکات کـە پاشـا و سـەروەرانی گـەل و نەتـەوەکان سـوپاس و ستایشـی پـەروەردگار دەکـەن، ئـەوەی کـە لەسـەر تەختـی پاشـایەتی دادەنیشێـت.

وە ئەمـەش ڕێـک ئـەو شـتەیە کـە ئێمـە لـە دەرەنجامـی کتێبـی پیـرۆزدا دەیبینیـن، لـە بینینەکـەی تەختـەی پاشـایەتی خـودا لـە (ئاشـکراکردن ٤ – ٥). یۆحەنـا تەختی پاشـایەتی خـودا لـە ئاسـمان دەبینێـت، تەختـی پاشـایەتی پیرۆزەکـە، یەزدانـی پـەوەردگاری

هەرەبەتوانا، ئەوەی کە «هەبووە و هەیە و دێت (ئاشکراکردن ٤: ٨). وە یۆحەنا لە (ئاشکراکردن ٥)، گوێی لە گۆرانییە نوێیەکە دەبێت لەبارەی شێرەکە و بەرخەکە کە لەسەر تەختی پاشایەتی دانیشتووە. ئەو شایانی سوپاس و ستایشە. بۆچی؟

«چونکە تۆ سەربڕایت و بە خوێنی خۆت خەڵکت بۆ خودا کڕییەوە،

لە هەموو خێڵ و زمان و گەل و نەتەوەیەک» (ئاشکراکردن ٥: ٩).

پەرستنی گەل و نەتەوەکان لە لایەن خوێنی بەرخەکەوە کڕدرایەوە کە فەرمانڕەوایی دەکات و لەسەر تەختی پاشایەتی دانیشتووە.

ئەی کاردانەوە و وەڵامی خەڵکی لە هەمبەر کارێکی ئەوها نایابی خودای مەزندا چییە؟ وەڵامەکەیمان لە (ئاشکراکردن ٥: ١٣)دا دەست دەکەوێت کە دەڵێت:

«هەموو بوونەوەرێکی ئاسمان و زەوی و ژێر زەوی و ناو دەریاش، هەموو ئەوانەی لەوێدا بوون، بیستم دەیانگوت:

با ستایش و ڕێز و شکۆ و توانا، بۆ دانیشتووی سەر تەختەکە و بەرخەکە بێت، هەتاهەتایە!»

ڕۆژێک دێت کە هەموو گەل و نەتەوەکان «بە هاواری شادییەوە هوتاف بۆ خودا بکێشن» (زەبوورەکان ٤٧: ١)، بەهۆی ئەو بەرخەی کە لە جێگەی ئەوان سەربڕدرا. بەرخی خودا کە فەرمانڕەوایی دەکات و لەسەر تەختی پاشایەتی خودا دادەنیشێت، پاداشتی ئازارچەشتنەکەی وەردەگرێت کە بریتییە لە ستایشی هەتاهەتایی لە لایەن هەموو گەلان و خۆشەویستییەکی پڕ لە خۆشیی لە لایەن هەموو نەتەوەکانەوە.

«ڕۆڵە، ئەگەر قسەکانم وەربگریت» (پەندەکانی سلێمان ٢: ١- ٦)

هەندێک لە بەشەکانی پەیمانی کۆن ئاسانتر لەوانەی دیکە دەتوانیت پەیوەستی بکەیت بە عیسای مەسیحەوە. بۆ نموونە، پێشبینییەکی ڕاستەوخۆ لەبارەی مەسیحەوە بەلامانەوە ئاسانترە لە بەشێکی سیپارەی پەندەکانی سلێمان.

کەواتــە چــۆن پەڕتووکــی دانایــی (پەندەکانــی ســلێمان) پەیوەنــدی هەیــە بــە مەســیحەوە؟ بــا بڕوانینــە (پەندەکانــی ســلێمان ٢: ١- ٦):

«ڕۆڵە، ئەگەر قسەکانم وەربگریت،

فەرمانەکانم لەلای خۆت هەڵبگریت،

هەتا گوێ بدەیتە دانایی و

دڵت بدەیتە تێگەیشتن،

ئەگەر بانگی پەیبردن بکەیت و

دەنگ بۆ تێگەیشتن هەڵبڕیت،

ئەگەر وەک زیو داوات کرد و

وەک خشڵی شاردراوە بەدوایدا گەڕایت،

ئەوسا لە واتای لەخواترسی دەگەیت و

ناسینی خودا دەدۆزیتەوە،

چونکە یەزدان دانایی دەبەخشێت،

زانیاری و تێگەیشتنیش لە دەمی ئەوە».

بابەتــی ســەرکی ئــەم دەقــە وا دیــارە ئەوەیــە کــە بەڕاســتی بــەدوای داناییــدا بگەڕێیــت، وە لــە ئاکامــدا خــودا پێــت دەبەخشــێت. بەپێــی ئــەم دەقــە، «دانایــی» هاوتەریبــە لەگــەڵ «زانیــاری و تێگەیشــتن» (٢: ٥). بــە واتایەکــی دیکــە، (پەنــدەکان ٢: ١- ٦) بــە درێــژی باســی (پەنــدەکان ١: ٧) دەکات کــە دەڵێــت: «لەخواترســی ســەرەتای زانیارییــە». دانایــی - تــرس لــە خــودا - لــە گــەڕان و گوێگرتنێکــی پــڕ لــە گەرموگوڕییــەوە بــۆ «وشــە و فەرمــان و تێگەیشــتن»ی بــاوک دەســت دەکەوێــت.

بــا هەندێــک بکشــێینەوە و بزانیــن چــۆن ئــەم پەنــدە لەنێــو چیرۆکــی کتێبــی پیــرۆزدا جێگــەی دەبێتــەوە. لــە (پەنــدەکان ١: ١)ەوە بۆمــان دەردەکەوێــت کــە پاشــا ســلێمان لانــی کــەم بەشــی ســەرەتای ئەم ســیپارەیەی نووســیوە. ســلێمانی کــوڕی داود، بە پاشــای ئیســرائیــل دەستنیشــان کــرا. یــەزدان بەڵێنــی بــە داود دا کــە کــوڕی ئــەو فەرمانڕەوایــی

خـودا بـۆ گەلـی خـودا دەگوزاێتـەوە، وە لەوانیشـەوە بـۆ هەمـوو گەلانـی جیهانـی دەگوازێتـەوە. دەبێـت گـەلان چـاو لـە ئیسرائیـل بکـەن - کـە پاشـایەکی دانـا بەڕێـوەی دەبـات کـە ڕۆژانـە ڕامـان لەسـەر وشـەی خـودا دەکات (دواوتـار ١٧: ١٨- ٢٠) – وە سـەرنج بدەنـە گەلێکـی دانـا و تێگەیشـتوو (دواوتـار ٤: ٦).

کەواتـە لـە سیپارەی پەندەکانـی سلێمان، دەبینیـن کـە خـودا بەتایبەتـی کوڕەکـەی، واتـە سـلێمانی پاشـا دەستنیشـان دەکات بـۆ ئـەوەی بـە دانایيـەوە فەرمانڕەوایـی کوڕەکانـی دیکـەی بـکات. بڕوانـە (پەنـدەکان ١: ٨):

«ڕۆڵە، گوێ لە تەمبێکردنی باوکت بگرە و

فێرکردنی دایکت پشتگوێ مەخە».

ئـەم دانایيـە باوکانەیـە لـە (پەنـدەکان ٢: ١- ٦)دا ئامـاژەی پێکـراوە، کـە بـە «ڕۆڵـە» دەسـتپێدەکات. بـەڵام ئـەم دەقـە چـۆن ئامـاژە بـە مەسـیح دەکات؟

یەکـەم، ئـەم دەقـە لـە ڕێگـەی نووسـەرەکەیەوە باسـی مەسـیح دەکات. سـلێمانی کـوڕی داود، ئاماژەیـە بـۆ کـوڕی ڕاسـتەقینەی داود کـە هێشـتا نەهاتـووە.

دووەم، سـەرنجی بابەتـی دانایـی کتێبـی پیـرۆز بـدە، وە ئـەوەی کـە چـۆن ئامـاژە بـە پاشـای داهاتـوو لـە نـەوەی داودەوە دەکات. بێگومـان سـلێمان بـە دانایـی و ژیرییەکـی زۆر بەناوبانـگ بـو. «خـودا دانایـی و تێگەیشـتنێکی زۆر زۆری دایـە سـلێمان، هەروەهـا مێشـکێکی فـراوان وەک ئـەو لمـەی لەسـەر کەنـاری دەریایـە. دانایـی سـلێمان زیاتـر بـوو لـە دانایـی هەمـوو خەڵکـی ڕۆژهـەڵات و هەمـوو دانایـی میسرییـەکان» (یەکـەم پاشـایان ٤: ٢٩- ٣٠).

مەسـیحی بەڵێندراویـش کوڕێکـی دانـا و ژیـر دەبێـت کـە دانایيەکـەی تەنانـەت لـە هـی سـلێمانیش زیاتـر دەبێـت. ئـەم کـوڕە وەکـو ئـەو کەسـە وەسـف کـراوە کـە ڕۆحـی دانایـی و تێگەیشـتن لەسـەری دەنیشـێتەوە:

«چڵێک لە بنەداری یەسا دەردەچێت،

لقێکی نوێ لە ڕەگەکەیەوە دەڕوێت.

ڕۆحی یەزدان لەسەری دەنیشێتەوە،

ڕۆحی دانایی و تێگەیشتن،

ڕۆحی ڕاوێژ و ئازایەتی،

ڕۆحی زانین و لەخواترسی» (ئیشایا ١١: ١- ٢؛ ئیشایا ٥٠: ٤- ٥).

کەواتە کاتێک کە دێینە سەر پەیمانی نوێ، دەبینین کە عیسای مەسیح وەکو منداڵێکی پڕ لە دانایی باسی لێوە کراوە: «منداڵەکەش گەشەی دەکرد و بەهێز دەبوو، پڕبوو لە دانایی» (لۆقا ٢: ٤٠). عیسا تامەزرۆی ئەوە بوو کە لە ماڵی باوکیدا بێت (لۆقا ٢: ٤٩). دواتر بەڕوونی بەراوردی خۆی و سلێمان دەکات، کاتێک دەفەرموێت: «شاژنی باشوور لە ڕۆژی لێپرسینەوەدا لەگەڵ ئەم نەوەیە لە مردن هەڵدەستێتەوە و تاوانباری دەکات، چونکە لەوپەڕی زەوییەوە هات بۆ گوێگرتن لە دانایی سلێمان. ئەوەتا لە سلێمان مەزنتر لێرەیە» (مەتا ١٢: ٤٢؛ لۆقا ١١: ٣١).

دوای ئەوەی کە عیسا لە کەنیشت فێرکردنی پێشکەش کرد، ئامادەبووان پێیان گوت: «ئەمە ئەم دانایی و پەرجووانەی لەکوێ بوو؟» (مەتا ١٣: ٥٤). پۆڵسی نێردراو پێمان دەڵێت کە مەسیح هێز و دانایی خودایە (یەکەم کۆرنسۆس ١: ٢٤)، هەروەها «لە ئەودا هەموو گەنجینەی دانایی و زانیاری شاردراوەتەوە» (کۆلۆسی ٢: ٣).

کەواتە تەواوی سیپارەی پەندەکانی سلێمان دەبێت بە تێگەیشتنێکەوە بخوێنرێتەوە کە تەنها یەزدانناسی بەپێی کتێبی پیرۆز دەتوانێت دەستەبەری بکات، ئەویش ئەوەیە کە عیسا کوڕی خودایە و دانایی سلێمانی هەیە. ئەمە دێتە نێو دەقەکەمانەوە، چونکە لە پەیمانی نوێدا دەبینین کە عیسای منداڵ داوای داناییەکی لەو شێوەیەی لە باوکی دەکرد: «دوای سێ ڕۆژ لە حەوشەکانی پەرستگادا دۆزیانەوە، بینییان لەناو مامۆستایان دانیشتووە، گوێیان لێ دەگرێت و پرسیاریان لێدەکات. هەموو ئەوانەی گوێیان لێی ڕاگرتبوو، لە تێگەیشتن و وەڵامەکانی سەرسام بوون» (لۆقا ٢: ٤٦- ٤٧). تەنانەت مامۆستایانی شەریعەت سەرسامبوون بەو داناییەی کە عیسای دوازدە ساڵ هەیبوو.

ئەگەر ئێمە لەگەڵ مەسیح یەکمان گرتبێت، ئەوا دەزانین کە بووینەتە ڕۆڵەی ئەو. ئەگەر لەگەڵ مەسیح یەکمان گرتبێت، ئەوا دەزانین کە سیپارەی پەندەکان

تەنها ئامۆژگاری کردەییمان پێ نادات، بەڵکو یارمەتیمان دەدات کە بزانین چۆن لە ترسی یەزداندا بژین و پاشان وەکو ڕۆڵەی خودا بە ڕێگەکانی ئەودا بڕۆین، بۆ ئەوەی ئێمەش وەکو مەسیح داناییمان زیاد بێت و بەرەکەتدارتر بین.

دانایی خودا بەهادار و بەنرخە. دەبێت بەدوایدا بگەڕێین، چونکە وەکو گەنجینە بەنرخە (پەندەکان ٢: ١- ٥). وە ئەگەر پەیدامان کرد و بەدەستمان هێنا، دەبێت خودا شکۆدار بکەین، چونکە تەنها ئەو دانایی دەبەخشێت (پەندەکان ٢: ٦).

ئێستاش با بڕوانینە دوو چیرۆکی ئاشنای ئینجیلی پیرۆز و دەقێک لە نامەی پۆڵس بۆ کۆلۆسییەکان.

«هاتە لایان، بەسەر دەریاچەکەدا ڕۆیشت» (مەرقۆس ٦: ٤٥- ٥٢)

لە (مەرقۆس ٦)، عیسا چەندین پەرجووی ئەنجام دا کە بەو هۆیەوە ناسنامەکەی وەکو کوڕی خودای زیندوو دەرکەوت. نانی پێنج هەزار کەسی دا (٦: ٣٠- ٤٤) و نەخۆشی چاک کردەوە (٦: ٥٣- ٥٦). لەنێو ئەم دوو پەرجووەدا، پەرجووێکی دیکەی عیسا هەیە کە ئەویش ڕۆیشتن بوو بەسەر دەریاچەیەدا (٦: ٤٥- ٥٢). لەم وەرزەدا، وتەیەکی هەتا ڕادەیەک ناڕوون و سەرلێشێوێن دەبینین: «کە بینی قوتابییەکانی بەهۆی سەوڵ لێدانەوە ماندوو بوون، چونکە ئاراستەی ڕەشەباکە پێچەوانە بوو، لە بەرەبەیان هاتە لایان، بەسەر دەریاچەکەدا ڕۆیشت و ویستی لێیان تێبپەڕێت» (٦: ٤٨).

عیسا بەسەر ئاوەکەدا بە ئاراستەی قوتابییەکانی دێت کە لە کێشمەکێشدا بوون. قوتابییەکانی نەیانتوانی عیسا بناسنەوە. وایان زانی خێو و دێوەزمەیە! بەڵام بۆچی مەرقۆس سەرنجمان دەخاتە سەر ئەو ڕاستییەی کە ئەو کەسەی «هاتە لایان، بەسەر دەریاچەکەدا ڕۆیشت»، هەروەها «ویستی لێیان تێبپەڕێت»؟ یەزدانناسی بەپێی کتێبی پیرۆز وەڵامی ئەم پرسیارەمان بۆ ڕوون دەکاتەوە.

مەرقۆس ئاماژە بە دەقەکانی پەیمانی کۆن دەکات کە ناسنامەی ڕاستەقینەی عیسا بۆ خوێنەرەکانی ڕوون دەکاتەوە. زۆربەی کتێبە ڕاڤەکارییەکانی کتێبی پیرۆز سەرچاوە هاوتەریبەکان لەخۆ دەگرن کە یارمەتی خوێنەران دەدەن لەوەی کە

سەرنجی ئەو ئاماژانەی پەیمانی کۆن بدەن، بۆیە خوێندنەوەی ئەو سەرچاوانە بکە بە خووی هەمیشەییت. با بە کورتی سەرنجێکی پەیوەندییە کانۆنییەکان بدەین.

وشەی «تێپەڕبوون» زۆر جار لە پەیمانی کۆندا وەک وەسف و باسی دەرکەوتنی خودا بۆ مرۆڤ بەکارهاتووە. یەزدان لە کێوی سینا وەڵامی داواکارییەکی موسای دایەوە کە شکۆی خودایەتییەکەی لەبەردەمی تێدەپەڕێت (دەرچوون ٣٣: ١٧- ٢٣؛ ٣٤: ٦). خودا فەرمووی کە لەبەردەم موسا «تێدەپەڕێت» بۆ ئەوەی ناڕاستەوخۆ شکۆمەندییەکی خۆی نیشان بدات، چونکە یەزدان دەفەرموێت: «کەس نییە ببینێت و بژییت» (دەرچوون ٣٣: ٢٠).

یەزدان لەبەردەم ئەلیاسی پێغەمبەریشدا تێپەڕی: «وا یەزدان تێدەپەڕێت. ئینجا بایەکی مەزن و بەهێز چیاکانی شەق کرد و تاشەبەردەکانی لەبەردەم یەزدان شکاند» (یەکەم پاشایان ١٩: ١١).

پەیوەندییەکی دیکەی کانۆن بە (مەرقۆس ٦: ٤٨)ەوە هەیە کە لە سیپارەی ئەیوبدا هاتووە:

«جا چۆن مرۆڤ لەبەرچاوی خودا ڕاستودروست دەبێت؟

ئەگەر بیەوێت مشتومڕی لەگەڵ بکات،

ناتوانێت وەڵامی یەک لە هەزار بداتەوە.

خودا گەورەیە بە دانایی و لە تواناد زۆر بەهێزە.

کێ هەیە دژایەتی کردبێت و بە سەلامەتی دەرچووبێت؟

هەژێنەری چیاکانە بێ ئەوەی بەخۆیان بزانن،

ئەوەی لە کاتی تووڕەییدا سەرەوژێریان دەکات.

زەوی لە جێی خۆی لەق دەکات،

جا کۆڵەکەکانی دەخاتە بوومەلەرزە.

فەرمان بە خۆر دەدات، کە هەڵنەیەت،
بە ئەستێرەکانیش کە نەدرەوشێنەوە.
خۆی بە تەنها ئاسمانی لێک کردووەتەوە،
بەسەر شەپۆلەکانی دەریادا ڕۆیشتووە.
دروستکەری کەلووەکانی ورچ و ڕاوچی و
حەوتەوانە و ئەو کەلووانەی کە لە باشووری زەوی دەبینرێن.
کاری مەزنی بەم جۆرەی کردووە کە لە سەرووی بیرکردنەوەن،
هێندە پەرجوو کە لە ژماردن نایەن.
کاتێک بەسەرمدا دەڕوات نایبینم،
کاتێک تێدەپەڕێت هەستی پێ ناکەم!» (ئەیوب ٩: ٢- ١١).

سەرنجی ئەوە بدە کە خودای بەدیهێنەر ئەوەیە کە:
«کاری مەزنی بەم جۆرەی کردووە کە لە سەرووی بیرکردنەوەن،
هێندە پەرجوو کە لە ژماردن نایەن» (١٩: ١٠).

تەنها ئەو فەرمان بە خۆر و ئەستێرەکان دەکات. وە مایەی سەرسامییە کە ئەو هەمان ئەو کەسەیشە کە بەسەر شەپۆڵەکانی دەریادا دەڕوات. ئەم وەسف و باسە مەزنەی خودا لە ئایەتی ١١، پەیوەندی هەیە بە دانپێدانانێکی بێفیزانەوە:

«کاتێک بەسەرمدا دەڕوات نایبینم،
کاتێک تێدەپەڕێت هەستی پێ ناکەم».

بە واتایەکی دیکە، ئەم خودا بێ ئەندازە شکۆدارە لە سەرووی تێگەیشتن و درککردنی مرۆڤەوەیە. شکۆی خودا لە درک و تێگەیشتنی ئێمە بەدەرە.

ئەم پەیوەندییە کانۆنییانە چ واتایەکیان هەیە بۆ تێگەیشتن لە (مەرقۆس ٦: ٤٨)؟

هـەر چەنـدە ڕۆیشـتنی عیسـا بەسـەر ئـاودا، دەرخـەری شـکۆ و توانـای خودایەتـی عیسـایە، بـەڵام قوتابییـەکان هـەر نەیانتوانـی بەتـەواوی لێـی تێبگـەن و بیناسـن (مەرقـۆس ٦: ٥١- ٥٢). بـەڵام ئـەو وشـانەی عیسـا کـە قوتابییەکانـی ئـارام کـردەوە - «ورەتـان بـەرز بێـت، ئـەوە منـم. مەترسـن» (مەرقـۆس ٦: ٥٠) - هەمـان ئـەو نـاوەی خـودای ئیبراهیـم و ئیسـحاق و یاقوبـە کـە لـە لای دەوەنـە ڕگرتووەکـەدا بـۆ موسـا دەرکـەوت (دەرچـوون ٣: ١٤).

بـەو شـێوەیە، مەرقـۆس عیسـا بـە کـوڕی خـودا دەناسـێنێت، کـە پـەروەردگارە و شـێوەی مرۆڤـی وەرگرتـووە. پەرجووەکانـی (مەرقۆس ٦) وەکو کەسـێکی تەواو شـکۆدار ئامـاژە بـە عیسـا دەکـەن کـە «کاری بـێ ئەنـدازە مـەزن دەکات»، کـە «شـەپۆلەکانی» دەریـا ئـارام دەکاتـەوە. وە کاتێـک کـە بـەردەوام دەبیـن لـە خوێندنـەوەی سـیپارەی مەرقـۆس، دەبینیـن کـە هەمـان ئـەم عیسـایە ئـەو کەسـەیە کـە لـە کۆتاییـدا کـە بەوپـەڕی شـکۆمەندییەوە لەسـەر خاچێکـی ڕۆمانـی دەردەکەوێـت (مەرقـۆس ١٥: ٣٩).

منم شوانە دڵسۆزەکە (یۆحەنا ١٠)

لـە ئینجیلـی یۆحەنـادا دەبینیـن کـە عیسـا دژی فەریسـییەکان قسـە دەکات (یۆحەنـا ٩: ٤٠). عیسـا پەرجووێکـی زۆر نایابـی لـە (یۆحەنـا ٩) ئەنجـام دابـوو کـە ئەویـش بەخشـینی بینایـی بـوو بـە پیاوێکـی بـە زگـماک نابینـا، وە بەردەوامـە لەسـەر ڕوونکردنـەوەی ناسـمانەکەی بـۆ فەریسـییەکان کـە باوەڕیـان بـە وشـەکانی نەدەکـرد.

بەدرێژایـی بەشـی ١٠، عیسـا چەندیـن وێنـەی پەیمانـی کـۆن بەکاردێنێـت بـۆ ئـەوەی بیسـەلمێنێت کـە ئـەو مەسـیحە. عیسـا بـە پێچەوانـەی دز و جـەردەوە کـە پێشـتر هاتـوون، خـۆی بـە «شـوانە دڵسـۆزەکە» نـاوزەد دەکات:

«منـم شـوانە دڵسـۆزەکە. شـوانی دڵسـۆزیش ژیانـی خـۆی لـە پێنـاوی مەڕەکانـدا دادەنێـت. بەکرێگیراویـش شـوانی مـەڕەکان نییـە و مەڕەکانیـش هـی ئـەو نیـن. کاتێـک دەبینێـت گـورگ دێـت، مـەڕەکان بەجێدەهێڵێـت و ڕادەکات، گورگیـش مـەڕەکان دەبـات و پەرتەوازەیـان دەکات. کابـرا هەڵدێـت، چونکـە بـە کـرێ گیـراوە و خەمـی مەڕەکانـی نییـە. منـم شـوانە دڵسـۆزەکە. مـەڕی خـۆم دەناسـم و ئەوانیـش

مـن دەناسـن، هـەروەک چۆن بـاوک دەمناسێت، منیـش بـاوک دەناسـم. ژیانـم بـۆ مـەڕەکان دادەنێـم. هەروەهـا مـەڕی دیکـەم هەیـە سـەر بـەم پشـتیرەیە نیـن، دەبـێ ئەوانیـش بهێنـم، ئەوانیـش گوێیـان لـە دەنگـم دەبێـت، جـا دەبنـە یـەک مێگـەل و یـەک شـوان» (یۆحەنـا ١٠: ١١- ١٦).

لـە کۆتاییـدا و لـە (یۆحەنـا ١٠: ١٩- ٣٠)دا عیسـا دووبـارە قسـە لەگـەڵ جولەکـەکان دەکات و دەگەڕێتـەوە بـۆ ئـەم وێنـەی شـوان/ مـەڕە و ڕایدەگەیەنێـت:

«مەڕەکانـم گـوێ لـە دەنگـم دەگـرن، منیـش دەیانناسـم و ئەوانیـش بـەدوام دەکـەون، ژیانـی هەتاهەتاییـان دەدەمـێ و هەرگیـز لەنـاو ناچـن، کەسـیش لـە دەسـتم نایانڕفێنێـت. باوکـم کـە بـە منـی داون لـە هەمـووان گەورەتـرە، کەسـیش ناتوانێـت لـە دەسـتی بـاوک بیانڕفێنێـت. مـن و بـاوک یەکیـن» (یۆحەنـا ١٠: ٢٧- ٣٠).

ئـەوە کۆتـا وتـەی عیسـا بـوو کـە بـووە هـۆی هاندانـی کۆتـا کاردانـەوە و وەڵامـی گوێگرەکانـی: «ئـەو جولەکانـەی بەرهەڵسـتی عیسـایان دەکـرد بەردیـان هەڵگـرت تاکـو بەردبارانـی بکـەن» (١٠: ٣١).

وا دیـارە کـە خاڵـی سـەرەکی عیسـا لـەم بەشـەدا دوو لایەنـی هەیـە: «منـم شـوانە باشـەکە» (١٠: ١١) و «مـن و بـاوک یەکیـن» (١٠: ٣٠).

هێـزی دوو بانگەشـەکەی عیسـا و کاردانـەوەی ڕکابەرەکانـی ڕوون دەبێتـەوە، کاتێـک کـە لـە هاوێنـە و لێنـزی یەزدانناسـی بەپێـی کتێبـی پیـرۆزەوە دەڕوانینـە بابەتەکـە. کەواتـە لـە (یۆحەنـا ١٠)دا چ پەیوەندییەکـی کانۆنـی دەتوانیـن دروسـت بکەیـن؟

لـە ڕێگـەی بەکارهێنانـی سـەرچاوە هاوتەریبەکانـی کتێبـی پیـرۆزەوە بەخێرایـی ئەوەمـان بـۆ دەردەکەوێـت کـە عیسـا چەندیـن وتـەی لـە پێشـبینییەکانی (حزقیێـل ٣٤) وەرگرتـووە. پـەروەردگار لێـرەدا سەرزەنشـتی شـوانی درۆزن و ڕابەرانـی ڕۆحیـی ئیسرائیـل دەکات و بـە حزقیێـل دەفەرموێـت: «لەسـەر شـوانەکانی ئیسرائیـل پێشـبینی بکـە» (٣٤: ٢). یـەزدان خـۆی «لـە دژی شـوانەکانە» (٣٤: ١٠)، وەک چۆن عیسـا دژی فەریسـییەکانە.

دوو خاڵـی دیکـە لـە (حزقیێـل ٣٤)ەوە سـەرهەڵدەدات. یەکـەم، یـەزدان خـۆی دەبێتـە شـوانە دڵسـۆزەکەی گەلەکـەی: «مـن مـەڕی خـۆم دەلەوەڕێنـم هەتـا کاوێـژ

دەکـەن، یەزدانـی باڵادەسـت دەفەرموێـت» (٣٤: ١٥). یـەزدان خـۆی شـوانایەتی گەلەکـەی خـۆی دەکات و دەیانلەوەڕێنێـت (٣٤: ١٤).

دووەم، ئـەو پاشـایەش کـە لـە نـەوەی داودەوە دێـت، دەبێتـە شـوانێکی دڵسـۆز بـۆ گەلەکـەی: «یـەک شـوانی بـۆ دادەنێـم، کـە داودی بەندەمـە، ئـەو دەیلەوەڕێنێـت و ئـەو دەبێـت بـە شـوانی. مـن یەزدانم دەبـم بـە خودایـان و داودی بەندەشـم لەنێویاندا دەبێـت بـە سـەرۆک، مـن یەزدانـم، ئـەوەم فەرمـوو» (٣٤: ٢٣- ٢٤). ئـەو مەسـیحەی کـە لـە داهاتـوودا دێـت، دەبێتـە شـوانی گەلەکـەی و مەڕەکانـی دەلەوەڕێنێـت.

کەواتـە پێشـبینییەکەی (خزقیێـل ٣٤)، ئـەم پرسـیارە دێنێتـە کایـەوە: ئایـا ئـەو شـوانە دڵسـۆزەی گەلـی خـودا کـە لـە داهاتـوودا دێـت، دەکرێـت خـودی پـەروەردگار بێـت، یـان پاشـایەک دەبێـت لـە نەوەکانـی پاشـا داود؟ عیسـا لـە (یۆحەنـا ١٠) وەڵامـی ئـەم پرسـیارە پـڕ لـە ڕاز و نهێنییـە دەداتـەوە. عیسـا مەسـیحی بەڵێنـدراوە، پاشـایەکە لـە نەوەکانـی پاشـا داود کـە شـوانە دڵسـۆزەکەی گەلەکەیەتـی. بـەڵام عیسـا لەگـەڵ باوکـی ئاسمانیشـدا یەکـە. ئـەو خـۆی خودایـە. بـە واتایەکی دیکـە، یـەزدان و پاشـاکەی نەوەی پاشـا داود هەمـان کەسـن. عیسـا وشـەی هەهەتایـی کـە جەسـتەی پۆشـیوە (یۆحەنـا ١: ١٤)، کـە لـە سـەرەتادا لەگـەڵ خـودا بـوو و خـۆی خـودا بـوو (یۆحەنـا ١: ١).

یـەزدان لـە (حزقیێـل ٣٤)، بەڵێنێکـی دیکـەش دەدات و دەفەرموێـت: «مـن فریـای مێگەلـی خـۆم دەکـەوم» (٣٤: ٢٢). ئـەم فریاکەوتـن و ڕزگارییـە چـۆن ڕوودەدات؟ دیسـان عیسـا لـە (یۆحەنـا ١٠) وەڵامـی ئـەم پرسیارەشـمان دەداتـەوە: «منـم شـوانە دڵسـۆزەکە. شـوانی دڵسـۆزیش ژیانـی خـۆی لـە پێنـاوی مەڕەکانـدا دادەنێـت» (١٠: ١١).

لـە عیسـادا، وشـەکە جەسـتەی پۆشـی و مەسـیحی بەڵێنـدراو، ئومێـد و هیـوای (حزقیێـل ٣٤) هاتـە دی. لـە عیسـادا، گەلـی خـودا شـوانە باشـەکەی خـۆی دۆزییـەوە - وە عیسـا وەکـو شـوانێکی دڵسـۆز بـەدوای گەلەکەیـدا دەگەڕێـت و نانیـان دەدات. وە لـە هەمـووی مەزنتر ئەوەیـە کـە دواتـر عیسـا ژیانـی خـۆی لەپێنـاوی ڕزگارکردنـی گەلەکەیـدا لەسـەر خـاچ دادەنێـت. کەواتـە عیسـا شـوانە دڵسـۆزەکەیە کە بۆ هەمیشـە گرنگـی بـە گەلەکـەی دەدات (ئاشـکراکردن ٧: ١٧).

«لە دەسەڵاتی تاریکی ڕزگاری کردین» (کۆلۆسی ١: ١٢- ١٤)

دەرچوونی گەلی خودا لە میسر لە پەیمانی کۆندا مەزنترین کاری ڕزگارکردنی خودایی بوو، لوتکەی هێزی دەربازکردنی یەزدان بوو. نووسەرانی پەیمانی کۆن زۆر جار ئاماژە بە دەرچوون دەکەن وکو ڕێگایەک بۆ وەبیرهێنانەوەی گەلی خودا کە هیچ شتێک بۆ خودا مەحاڵ نییە.

وە دەرچوون و ڕزگارکردنی گەلی خودا دەبێتە وێنەیەک بۆ ئەو کارەی کە یەزدان لە داهاتوودا بۆ گەلەکەی ئەنجام دەدات. دەتوانیت ئەم بابەتانەی «دەرچوونی نوێ» لەو سیپارانەدا بخوێنیتەوە کە باسی پێشبینی دەکەن، بەتایبەتی ئیشایا (ئیشایا ١١: ١١، ١٥ – ١٦؛ ١٤: ١- ٢؛ ٦٢: ١١- ١٢). ئەوان باسی پرۆسەی ڕزگاری زۆر گەورەتر دەکەن کە لە داهاتوودا ڕوودەدات، دەزوێکی ڕووناک بە درێژایی نەخش و نیگاری کتێبی پیرۆزدا چنراوە، لە پەیدابوونەوە هەتا ئاشکراکردن.

ئەمە دەمانگەیەنێت بە (کۆلۆسی ١: ١٢- ١٤). بەو جۆرەی کە دەیبینین، پۆڵسی نێردراو پێداگری لەسەر ئەم بابەتەی دەرچوون دەکات بۆ ئەوەی هانی خوێنەرەکانی بدات کە سوپاسی خودای باوک بکەن بەهۆی ئەو کارەی کە لە ڕێگەی عیسای مەسیحی کوڕی خۆشەویستیەوە جێبەجێی کرد. ئەم ئایەتانە بەشی کۆتایی نوێژ و نزا کراوەکەی پۆڵس لەخۆ دەگرن.

هەرچەندە پۆڵس کڵێساکەی کۆلۆسی دانەمەزراند (کۆلۆسی ٢: ١- ٥)، بەڵام دڵخۆش بوو بەو کارەی مژدەی مەسیح کە خودا لەنێو ئەواندا ئەنجامی دەدا. بۆیە وەکو هەمیشە نامەکەی بە سوپاسکردنی خودا دەست پێکرد (١: ٣- ٨) و نوێژ و پاڕانەوە لەپێناوی تەواوی کڵێساکە (١: ٩- ١٤). دەستبەجێ پۆڵس دوای ئەو نوێژە، دەڕواتە سەر ڕوونکردنەوەیەکی شکۆدارانە دەربارەی مەزنیی کوڕی خودا، ئەوەی کە لە سەرووی هەموو بەدیهێنراوان (١: ١٥- ١٧) و بەدیهێنراوە نوێیەکانەوەیە (١: ١٨- ٢٠).

ئەو نوێژەی کە لە جێگەی کۆلۆسییەکان دەیکات، سەرڕێژە لە زایەڵەی سیپارەی دەرچوون:

«لەبەر ئەم هۆیە ئێمەش لەو ڕۆژەی بیستمان بێ وەستان لە پێناوی ئێوە نوێژ دەکەین و داواکارین، تاکو پڕبن لە زانینی خواستی ئەو، بەوپەڕی دانایی و تێگەیشتنی ڕۆحی، تاکو بە شێوەیەک بژین کە شیاوی مەسیحی خاوەن شکۆ بێت و بە تەواوی جێگای ڕەزامەندی ئەو بێت، لە هەموو چاکەکارییەک بەرهەمدار بن و لە ناسینی خودا گەشە بکەن. با مەسیح بەگوێرەی توانای شکۆی خۆی بە هەموو هێزێک بەهێزتان بکات، بۆ هەموو دانبەخۆداگرتن و ئارامگرتنێک، بە خۆشییەوە سوپاسی خودای باوک بکەن ئەوەی کە وای کرد ئێوە شایستەی هاوبەش بن لە میراتی گەلی پیرۆزی خۆی لە پاشایەتی ڕووناکیدا. خودای باوک لە دەسەڵاتی تاریکی دەربازی کردین و ئێمەی بۆ شانشینی کوڕە خۆشەویستەکەی گواستەوە، بەهۆی ئەویشەوە کڕدراینەوە، واتە لێخۆشبوونی گوناهمان وەرگرت» (کۆلۆسی ١: ٩- ١٤).

با بەوردی بڕوانینە ئەو پەیوەندییە دەقییانەی کە ئەم چەندە ئایەتە بە سیپارەی دەرچوونەوە هەیانە.

لە ئایەتی دوازدەدا، پۆڵس دەڵێت کە خودا وای کرد «ئێوە شایستەی هاوبەش بن لە میراتی گەلی پیرۆزی خۆی لە پاشایەتی ڕووناکیدا». خودا گەلێکی بە شایستەی ئەوە زانی کە ببنە خاوەن میراتی. سەرنجی جێناوی سەربەخۆی «ئێوە» بدەن، چونکە لە ئایەتی دواتردا دەڵێت «ئێمە». وا دیارە لە ئایەتی دوازدەدا، بە گوێگرە ناجولەکەکانی لە کڵێسای کۆلۆسی دەڵێت کە خودا «ئێوە» - تەنانەت «ئێوە»ی بە شایەستەی میراتەکەی زانیوە! خودا بەهۆی مەسیحەوە ناجولەکەکانی کردووە بە میراتگر و کەسانی پیرۆز لە شانیشینی ڕووناکیدا.

وشەی «میراتگر، میراتی» لە پەیمانی کۆندا بۆ ئاماژەکردن بە جولەکەکان بەکارهاتووە کە لەژێر سایەی پەیمانی کۆندا بوون (سەرژمێری ٢٦: ٥٢- ٥٦). بەڵام لێرەدا پۆڵس هەمان شت بۆ باوەڕدارە ناجولەکەکان بەکاردەهێنێت کە لەژێر سایەی پەیمانی نوێدان. خودا بە چ شێوەیەک ئەم شتەی بۆ گەلەکەی مسۆگەر کرد؟ پۆڵس وەڵامی ئەم پرسیارەی لەلایە: «خودای باوک لە دەسەڵاتی تاریکی دەربازی کردین و ئێمەی بۆ شانشینی کوڕە خۆشەویستەکەی گواستەوە، بەهۆی ئەویشەوە کڕدراینەوە، واتە لێخۆشبوونی گوناهمان وەرگرت» (کۆلۆسی ١: ١٣- ١٤).

بە واتایەکی دیکە، بەخشینی میراتی کە دیاری خودایە بۆ گەلی پەیمانی نوێ بە دەرچوونێکی نوێ و مەزنتر مسۆگەر کراوە. خودا گەلەکەی لە دەسەڵاتی تاریکی دەرباز کرد و گواستنیەوە بۆ شانشینە شکۆدارەکەی، کە شانشینی کوڕە خۆشەویستەکەیەتی.

ئەو زمانەی کە لە ئایەتی سێزدەدا بەکارهاتووە هەمان ئەو زمانەیە کە لە (دەرچوون ٦: ٦- ٨)دا بەکارهاتووە:

«بۆیە بە نەوەی ئیسرائیل بڵێ: من یەزدانم، لەژێر بارگرانی میسرییەکان دەرتاندەهێنم، لە کۆیلایەتی ئەوان فریاتان دەکەوم و بە دەستێکی بەهێز و دادپەروەرییەکی مەزن دەتانکڕمەوە. هەروەها دەتانکەم بە گەلی خۆم و دەبمە خودای ئێوە، ئیتر ئێوە دەزانن کە من یەزدانی پەروەردگارتان ئەوەی لەژێر بارگرانی میسرییەکان دەرتاندەهێنێت. دەشتانبەم بۆ ئەو خاکەی سوێندم خوارد بیدەمە ئیبراهیم و ئیسحاق و یاقوب، وەک میرات دەیدەمە ئێوە، من یەزدانم.»

گەلی ئیسرائیل لەژێر کۆت و بەندی دەسەڵاتی ستەمکاری میسردا بوون و کرابوونە کۆیلە. بەڵام خودا بە دەستی بەهێزی خۆی، ئیسرائیلی لە کۆیلایەتی ڕزگار کرد (دەرچوون ١٤: ٣٠). وە ئێستاش پۆڵس دەڵێت کە خودا بەهۆی مەسیحەوە کارێکی لەوە مەزنتری ئەنجام داوە. ئەو ئێستا گەلەکەی لە کۆت و بەندێکی گەورەتر و تاریکاییەکی زیاتر ڕزگار کردووە (کرداری نێردراوان ٢٦: ١٨). چۆن و بە چ ڕێگایەک؟ لە ڕێگەی خاچی مەسیحەوە: «سەرۆکەکان و دەسەڵاتدارانی چەککرد و بە ئاشکرا کردنییە پەند، لە خاچدا بەسەریاندا زاڵبوو» (کۆلۆسی ٢: ١٥). گەلی خودا بەهۆی مەسیحەوە کڕدرانەوە (کۆلۆسی ١: ١٤). مەسیح لە ڕێگەی بەختکردنی ژیانی خۆی لەسەر خاچ، ڕزگاربوونی گەلەکەی لە کۆت و بەند مسۆگەر کرد (مەرقۆس ١٠: ٤٥).

یەزدانناسی بەپێی کتێبی پیرۆز چ کاریگەرییەکی هەیە کاتێک کە (کۆلۆسی ١: ١٢- ١٤) دەخوێنین؟ پۆڵس دەیەوێت کە باوەڕدارانی کۆلۆسی و ئێمەش سوپاسی خودا بکەین بۆ ئەو ڕزگارییە مەزنەی پێی بەخشیوین. بەو هۆیەوە، زمانی سیپارەی دەرچوون بەکاردێنێت بە مەبەستی باسکردنی ئەو دەرچوونە نوێیەی

کە خودا لە ڕێگەی مردنی عیسا لەسەر خاچ ئەنجامی دا. پۆڵس دەیەوێت کە خوێنەرەکانی ئەم دوو کارە مەزنە بە یەکەوە ببەستنەوە: دەرچوون و خاچ.

بەڵام دەیەوێت لەوەش دڵنیا بین کە خاچی مەسیح تەنانەت لە دەرچوون مەزنتر دەبینین. بەم هۆیەوە دەبێت زارمان پڕ بێت لە سوپاسگوزاری و دڵیشمان پڕ بێت لە ستایش. عیسا وەکو کوڕی خودا لە خۆی دەڕوانی، بە شوێنپێی ئیسرائیلدا دەڕۆیشت کە یەکەم کوڕی خودایە لە پەیمانی کۆندا. عیساش وەکو ئیسرائیل میسری بەجێهێشت (مەتا ٢: ١٣- ١٥). عیساش وەکو ئیسرائیل بەنێو ئاودا تێپەڕی. هەروەها عیساش وەکو ئیسرائیل لە چۆڵەوانیدا تاقی کرایەوە.

لە ئینجیلی لۆقادا، کاری ڕزگاریی مەسیح بە هەمان زمانی سیپارەی دەرچوون وەسف کراوە. چۆن؟ لە (لۆقا ٩: ٢٢)، عیسا بە قوتابییەکانی دەڵێت کە دەچێت بۆ ئۆرشەلیم بۆ ئەوەی ئازار بچێژێت و بمرێت و بە مەبەستی ڕزگارکردنی گەلەکەی لە ڕۆژی سێیەمدا زیندوو دەبێتەوە. لۆقا لە چەند ئایەتێکی دواتردا ئاماژە بەوە دەکات کە زۆری نەماوە عیسا جیهان بەجێبهێڵێت، بە واتایەکی دیکە، عیسا بەزوویی لە جیهان دەردەچێت (لۆقا ٩: ٣١).

ئەم دەرچوونەی کە عیسا بە زوویی ئەنجامی دەدات، لە کاتی جەژنی پەسخەدا لە ئۆرشەلیم ڕوودەدات. عیسا وەکو بەرخێکی بێ لەکە و تەواوی خودا خۆی پێشکەش دەکات تاکو گوناهی جیهان لاببات (یۆحەنا ١: ٢٩)، هەروەها هەموو ئاماژە و نموونەیەکی دەرچوون و پەسخەی بەدیهێنا. خوێنی لەپێناوی داپۆشینی گوناهی گەلەکەیدا ڕژا و تووڕەیی خودای لەسەر سڕینەوە کە شایانی بوون - لەگەڵ ئەوەشدا، هیچ کام لە ئێسقانەکانی نەشکێنرا (دەرچوون ١٢: ٤٦؛ یۆحەنا ٩: ٣٦). مەسیح وەکو بەرخی پەسخەمان، کرا بە قوربانی بۆ ئەوەی دەرچوونێکی مەزنتر بۆ گەلەکەی فەراهەم بکات (یەکەم کۆرنسۆس ٥: ٧).

باوەڕداران، ئایا ئێوە سوپاسگوزارن بەهۆی ئەم ڕزگارییە مەزنەوە، بەهۆی ئەم دەرچوونە نوێ و مەزنەوە کە خودا لە ڕێگەی کوڕەکەیەوە لە جێگەی ئێمە ئەنجامی داوە؟ ئاکام و دەرەنجامی سەرەکی کە دەتوانین لەم دەقەوە دەستمان بکەوێت، ئەوەیە کە لەبیرمان بێت و سوپاسگوزار بین.

بۆچی پۆڵس زمانی سیپارەی دەرچوون لە کۆنتێکستی نوێژێکی سوپاسگوزاریدا بەکاردێنێت؟ دەکرێت هۆکارەکەی ئەو کاردانەوە و وەڵامە بێت کە ئیسرائیل لە بەرامبەر ئەو کارانەدا دایانەوە کە خودا بۆی ئەنجام دابوون. لە جێگەی ئەوەی کە گەلی خودا سوپاسی خودا بکەن، بۆڵەبۆڵیان بەسەر خودادا کرد؛ کاری ڕزگاریی خودایان لەبیر کرد. ئاماژەکردنی پۆڵس بە دەرچوون لە کۆنتێکستی ئاگادارکردنەوەی باوەڕدارانی کۆلۆسیدا بەکارهاتووە بۆ ئەوەی سوپاسی خودا بکەن بەهۆی ئەو دەرچوونە نوێیەی بە یەکبوون لەگەڵ مەسیحدا تاقییان کردەوە.

گەلی ئیسرائیل ڕزگار کران، بەڵام لەگەڵ ئەوەشدا بۆڵەبۆڵیان کرد. ئێمەش بە یەکبوون لەگەڵ مەسیح ڕزگارمان بووە. ئایا سوپاسگوزار دەبین، یان ئێمەش پرتەپرت و بۆڵەبۆڵ دەکەین؟

IX 9Marks

Building Healthy Churches

٩نیشانەکان

بنیادنانی کڵێسای تەندروست

ئایا کڵێساکەیەکی تەندروستت هەیە؟

ڕێکخراوی ٩نیشانەکان ئیشی ئەوەیە کە ڕابەرانی کڵێسا بە بینین و ئاشکراکردنی کتێبی پیرۆز و سەرچاوەی کردەیی تەیار و ئامادە بکات بۆ ئەوەی لە ڕێگەی کڵێسای تەندروستەوە شکۆی خودا نیشانی گەلان و نەتەوەکانی جیهان بدەن.

بە لەبەرچاوگرتنی ئەو ئامانجانە، دەمانەوێت یارمەتی کڵێساکان بدەین کە لە نۆ نیشانەی تەندروستدا گەشە بکەن کە زۆربەی کات پشتگوێ دەخرێن:

١. وتاردانی ڕوون و ئاشکرا
٢. یەزدانناسی بەپێی کتێبی پیرۆز
٣. تێگەیشتن لە ئینجیل بەپێی کتێبی پیرۆز
٤. تێگەیشتن لە گۆڕینی مرۆڤەکان بەپێی کتێبی پیرۆز
٥. تیگەیشتن لە مزگێنیدان بە پێی کتێبی پیرۆز
٦. ئەندامێتیی کڵێسا
٧. تەمبێکردنی کڵێسایی بەپێی کتێبی پیرۆز
٨. بەقوتابیکردن بەپێی کتێبی پیرۆز
٩. ڕابەرایەتیی کڵێسا بەپێی کتێبی پیرۆز

ئێمە وەکو ڕێکخراوی ٩نیشانەکان بابەت و پەڕتووک و هەڵسەنگاندنی پەڕتووک دەنووسین، هەروەها ڕۆژنامەیەکی ئینتەرنێتیش بەڕێوە دەبەین. کۆنفرانس ساز دەکەین و چاوپێکەوتن تۆمار دەکەین و سەرچاوەی دیکەش بەرهەم دێنین بە مەبەستی تەیارکردن و ئامادەکردنی کڵێساکان تاکو شکۆی خودا نیشان بدەن.

سەردانی ماڵپەڕەکەمان بکە کە بابەتەکانی بە زیاتر لە ٠٣ زمان بەردەستن بۆ خوێندنەوە، وە ناوی خۆت تۆمار بکە تاکو ڕۆژنامەی ئینتەرنێتی بێبەرامبەرت بەدەست بگات. دەتوانیت لەم لینکەی خوارەوەدا لیستی تەواوی ماڵپەڕی زمانە جیاوازەکان ببینیت:

https://www.9marks.org/about/international-efforts/

9marks.org